Heinz Rüegger
Sterben in Würde?

Heinz Rüegger

# Sterben in Würde?

Nachdenken über ein
differenziertes Würdeverständnis

**TVZ**

**Bibliografische Information Der Deutschen Bibliothek**
Die Deutsche Bibliothek verzeichnet diese Publikation in der
Deutschen Nationalbibliografie;
detaillierte bibliografische Daten sind im Internet über
http://dnb.ddb.de abrufbar.

1. Auflage 2003:
NZN Buchverlag AG Zürich und Theologischer Verlag Zürich
2. Auflage:
© 2004 Theologischer Verlag Zürich

Gestaltung und Satz: Claudia Wild, Konstanz
Umschlaggestaltung: g : a  gataric ackermann
    visuelle gestaltung  www.g-a.ch <http://www.g-a.ch>
Druck: ROSCH-BUCH Druckerei GmbH, Scheßlitz

ISBN 3-290-17270-8  (Theologischer Verlag Zürich)

Den drei Oberinnen

*Sr. Rosmarie von der Crone*
*Sr. Dorothee von Tscharner*
*Sr. Margrit Muther*

in Dankbarkeit für die gute Zusammenarbeit

# Inhalt

# Vorwort

Die Würde des Menschen kann als Grundwert, ihre Respektierung als Grundlage jeden humanen Zusammenlebens bezeichnet werden. Darin werden sich die meisten einig sein. Dennoch ist es nicht selbstverständlich, dass die Menschenwürde in der Praxis die Bedeutung einer Orientierungsrichtlinie bekommt, die ihr zusteht. Es gibt vielmehr Anzeichen dafür, dass sich ein – wohl weit gehend unreflektiertes – allgemeines Würdeverständnis ausbreitet, das den zentralen Gehalt der Menschenwürde verkennt. Das zeigt sich besonders deutlich in der gegenwärtigen Diskussion um die Sterbehilfe. Die Folgen einer solchen Entwicklung können fatal sein. Zu spüren bekommen sie vor allem die schwächsten Glieder unserer Gesellschaft: Kranke, Behinderte, Menschen, die auf eine Langzeitpflege angewiesen sind, Sterbende. Um ihretwillen, aber auch im Interesse von uns allen, die wir früher oder später in der einen oder anderen Form die Verletzlichkeit und Schutzbedürftigkeit unseres eigenen Lebens erfahren, tut eine Besinnung auf das Wesen und die Bedeutung der menschlichen Würde Not.

Eine solche Besinnung darf insbesondere von denjenigen erwartet werden, die in einer politischen oder beruflichen Aufgabe im Bereich des Gesundheits- und Sozialwesens tätig sind. Durch ihr Handeln wirkt sich ein defizitäres Würdeverständnis besonders direkt und verhängnisvoll aus. Die folgenden Überlegungen sollen darum zur Klärung beitragen und für ein differenziertes Verständnis der Menschenwürde plädieren, zugunsten der Humanität unseres gesellschaftlichen Miteinanders und unserer Kultur des Helfens.

Die vorliegende Arbeit entstand einerseits im Rahmen meiner beruflichen Aufgabe in der Stiftung Diakoniewerk Neumünster – Schweizerische Pflegerinnenschule, medizin- und pflegeethische Grundfragen zu thematisieren, andererseits aufgrund von Impulsen eines Nachdiplomstudiums in angewandter Ethik am Ethik-Zentrum der Universität Zürich, in dessen Rahmen die erste Fassung der nachstehenden Überlegungen erarbeitet wurde. In beiden Kontexten erfuhr ich in verdankenswerter Weise Unterstützung durch anregende Gesprächspartner, insbesondere durch die Herren Prof. Dr. theol. Johannes Fischer, Prof. Dr. phil. Peter Schaber, lic. phil. Norbert Anwander und Dr. rer. pol. Werner Widmer. Auch den Teammitgliedern des Instituts Dialog Ethik bin ich für weiterführende Gespräche dankbar.

Die Veröffentlichung dieser Arbeit wurde ermöglicht durch einen Druckkostenbeitrag der Stiftung Diakoniewerk Neumünster – Schweizerische Pflegerinnenschule. Ein besonderer Dank gilt Madeleine Eberhard vom NZN Buchverlag, die den Text mit grossem persönlichem Engagement lektorierte.

Ich widme diese Schrift drei Frauen, mit denen zusammenzuarbeiten mir in den vergangenen Jahren eine besondere Freude war.

Zollikerberg, 6. Januar 2003          Heinz Rüegger

# 1 Würde als zentraler Begriff in der gegenwärtigen Diskussion um die Sterbehilfe

Die Sterbehilfe in ihren verschiedenen Formen ist zu einem jener ethischen Themen geworden, die nicht nur Fachkreise beschäftigen,[1] sondern in einer breiten Öffentlichkeit diskutiert werden. Wer diese Diskussion verfolgt, stellt fest, dass die Vertreter der verschiedenen Positionen immer wieder mit dem Begriff der Menschenwürde argumentieren.[2] Fordern die einen eine Liberalisierung der (aktiven) Sterbehilfe, um die Würde eines Patienten angesichts von Krankheitssituationen zu schützen, welche diese Würde vermeintlich beeinträchtigen, lehnen die anderen eine solche Liberalisierung ab, weil sie mit der Würde des menschlichen Lebens unvereinbar sei. So unterschiedlich die beiden Positionen sein mögen, so sehr finden sie sich in der Überzeugung, dass jeder Mensch ein Recht darauf habe, «in Würde» zu sterben. Die Uneinigkeit zeigt sich jedoch in der Antwort auf die Frage, worin diese Würde, worin ein würdevolles Sterben bestehe.

Der Rekurs auf den Begriff der Würde geschieht in der aktuellen Diskussion oft sehr unreflektiert und undifferenziert. Ja mehr noch: Die Art, wie das Argument

---

1 Die fachlich-wissenschaftliche Beschäftigung mit dieser Frage manifestiert sich inzwischen bereits in einer «nicht mehr überschaubaren Fülle neuerer Literatur zu ethischen Fragen des Sterbens» (Ulrich EIBACH [1998], 10).

2 Darauf weist zum Beispiel der Bericht des Bundesrates zum Postulat von Nationalrat Victor RUFFY betreffend die Sterbehilfe hin (9).

der Würde häufig ins Spiel gebracht wird – und zwar nicht nur in Stammtisch-Gesprächen, sondern auch in politischen Dokumenten und Texten, die mehr oder weniger Anspruch auf eine wissenschaftliche Reflektiertheit erheben –, erweist sich bei genauerem Hinsehen als problematisch, weil sie (selbstverständlich entgegen allen nicht zu bezweifelnden guten Absichten der Argumentierenden) dem Schutz der Würde des sterbenden Menschen auf verhängnisvolle Weise schaden kann.[3] Darum soll in den folgenden Ausführungen der Frage nach der Bedeutung und der ethischen Tragweite des Würdebegriffs für die Sterbehilfe-Diskussion nachgegangen werden.

Zunächst wird die in der heutigen Diskussion um die Sterbehilfe gängige Redeweise von der Würde des Menschen dargestellt und auf ihre anthropologischen und ethischen Implikationen hin untersucht (Kapitel 2). Darauf wird der Würdebegriff näher bestimmt und differenziert und seine Bedeutung für medizinethische Fragestellungen erarbeitet (Kapitel 3). Sodann gilt es, die schlagwortartig verwendeten Postulate eines Rechts auf den «eigenen Tod» bzw. auf einen «würdigen Tod» kritisch zu erörtern (Kapitel 4). In einem weiteren Schritt wird die Differenzierung des Würdebegriffs bezüglich seiner Verwendbarkeit in der Auseinandersetzung um die Sterbehilfe diskutiert (Kapitel 5). Schliesslich soll angedeutet werden, wie das Anliegen, in Würde zu sterben, durch das Engagement für eine humane Kultur im Umgang mit Sterben und Tod in unserer Gesellschaft erfüllt werden kann (Kapitel 6).

---

3    Darauf hat Ruth BAUMANN-HÖLZLE (2001) im Blick auf die neuere Sterbehilfe-Diskussion in der Schweiz nachdrücklich hingewiesen.

# 2 Die Angst vor einem durch Leiden bedingten Würdeverlust. Zur heute gängigen Begriffsverwendung

Die Art, wie heute in der Auseinandersetzung um die Sterbehilfe gewöhnlich von Würde gesprochen wird, lässt sich gut an den Texten ablesen, in denen die entsprechende Diskussion auf der bundespolitischen Ebene der Schweiz während der letzten Jahre geführt wurde. Da diese Texte für das in unserer Gesellschaft weit verbreitete Würdeverständnis in hohem Masse repräsentativ sein dürften, wenden wir uns exemplarisch ihrem Sprachgebrauch zu.

## 2.1 Würdevolles Sterben angesichts entwürdigenden Leidens?

Im Jahre 1994 reichte Nationalrat Victor RUFFY eine Motion ein, die dann vom Nationalrat als Postulat an den Bundesrat überwiesen wurde. Die Motion hat den folgenden Wortlaut:

«Trotz allen Mitteln, die für Lebensverlängerung heute zur Verfügung stehen, gibt es weiterhin unheilbare Krankheiten, welche mit fortschreitender Entwicklung *die Würde des Menschen in schwerer Weise beeinträchtigen.* Angesichts dieser Tatsache haben in unserer Gesellschaft immer mehr Menschen den Wunsch, selber über ihr Ende mitbestimmen und *in Würde sterben* zu können. Daher ersuche ich den Bundesrat, einen Entwurf für einen neuen Artikel 115bis des Schweizerischen Strafgesetzbuches vorzulegen.»[4]

Das Eidgenössische Justiz- und Polizeidepartement (EJPD) setzte daraufhin eine Expertenkommission ein, die 1999 einen Bericht zur Sterbehilfe vorlegte. Die Kommissionsmehrheit plädierte darin für eine Liberalisierung der aktiven Sterbehilfe,[5] und zwar mit der Begründung, es sei

«problematisch, denjenigen zu verfolgen und zu bestrafen, der aus Mitleid diesen [das heisst einen unheilbar kranken, schwer leidenden, H. R.] Menschen von einem Leben erlöst, das nurmehr aus sinnlosem Leiden besteht. [...] Wenn es um so Wesentliches geht wie den *Schutz* des Lebens und *der Menschenwürde*, muss jeder Einzelfall angemessen berücksichtigt werden.»[6]

Die Kommissionsminderheit lehnte eine Liberalisierung der Sterbehilfe ab; sie weist aber in der Begründung ihrer Haltung darauf hin, dass eines der Hauptmotive für die aktive Sterbehilfe «nicht in unerträglichen Schmerzen [begründet ist], sondern in der *Angst vor* Abhängigkeit, Vereinsamung, *dem Verlust der Menschenwürde*».[7]

---

4    Zit. in: Sterbehilfe (1999), 8 (Hervorhebungen H. R.).
5    Der Liberalisierungsvorschlag zielte nicht auf eine Legalisierung der aktiven Sterbehilfe, sondern erstrebte einen Verzicht auf die Strafverfolgung derjenigen Personen, die in extremen Ausnahmesituationen aus Mitleid einem unheilbar kranken, sterbenden Menschen auf dessen inständiges Bitten hin aktive Sterbehilfe leisten. Die Illegalität der aktiven Sterbehilfe blieb unbestritten.
6    Ebd., 35 (Hervorhebung H. R.).
7    Ebd., 38 (Hervorhebung H. R.). Vgl. auch Markus ZIMMERMANN-ACKLIN (2000), 67, der zur Situation in den Niederlanden bemerkt: «Das am häufigsten genannte Motiv zur Bitte um eine schmerzlose Tötung ist [...] der befürchtete Verlust der Würde oder der Selbstachtung.»

Dieser Art, von Würde zu reden, liegt ein gemeinsames Verständnis zugrunde, wonach es schwere, medizinisch nicht überwindbare Krankheitszustände gibt, in denen das Leben eines Menschen «nurmehr aus sinnlosem Leiden besteht», und dass diese Zustände der Morbidität die dem Menschen eigene Würde «in schwerer Weise beeinträchtigen» können. Entsprechend befürchten viele Menschen, in solchen Situationen ihrer Würde verlustig zu gehen. Anders gesagt: Schweres, unheilbares Leiden kann unter Umständen nur noch als sinnlos empfunden werden,[8] weil es das beeinträchtigt bzw. «zerstört», was die Würde eines Menschen ausmacht. So kann es im extremen Einzelfall angezeigt scheinen, die Menschenwürde dadurch zu schützen, dass dem Patienten durch aktive Sterbehilfe ein selbstbestimmtes Sterben «in Würde» ermöglicht wird, zu einem Zeitpunkt, da seine Würde durch den irreversiblen Krankheitsverlauf noch nicht vollständig «zerstört» ist.[9]

---

8   Der Kommissionstext spricht genau genommen nicht von einem *subjektiv* als sinnlos *empfundenen* Leiden, sondern von Situationen, in denen das Leben *objektiv* «nurmehr aus sinnlosem Leiden *besteht*». Die Problematik eines solchen Werturteils kann an dieser Stelle nicht weiter ausgeführt werden. Sie soll aber ausdrücklich festgehalten werden.

9   Die Deutung von Eberhard JÜNGEL (1997), 34, dürfte in vielen Fällen zutreffen: «Die Forderung eines menschenwürdigen Sterbens ist im Grunde die Forderung nach Beendigung eines angeblich nicht mehr menschenwürdigen Lebens.»

## 2.2 Würde als empirische Qualität

Das hier zum Ausdruck kommende Würdeverständnis begreift die Würde als eine empirische Qualität menschlicher Befindlichkeit, welche abhängig ist von einer Reihe innerer und äusserer Faktoren, die für die Situation eines Menschen von Bedeutung sind. So werden etwa starke Schmerzen, körperliche oder geistige Behinderung, Abhängigkeit von fremder Hilfe, Verlust der Selbstkontrolle und der Fähigkeit, über sich selbst zu bestimmen, als eine Beeinträchtigung der Menschenwürde empfunden. Anders ausgedrückt: Würde kommt einem Menschen dadurch zu, dass er gesund, körperlich und intellektuell leistungsfähig und unabhängig ist und sein Leben autonom gestalten kann.

Würde ist demnach nicht etwas, was einem Menschen grundsätzlich zukommt, ihm eigen ist, sondern das Resultat einer Reihe von Fähigkeiten, Eigenschaften[10] oder Qualitäten, die einen Menschen in höherem oder minderem Masse auszeichnen. Dies bedeutet, dass eine unheilbare Krankheit und ein schweres Leiden die menschliche Würde beeinträchtigen können. Wird die Würde nun als ein höheres Gut betrachtet als das Leben selbst, mag es wünschbar scheinen, das Leben zu einem bestimmten Zeitpunkt aufgrund eines eigenen Entschlusses zu beenden (Suizid) oder beenden zu lassen (Sterbehilfe) und so die Würde zu bewahren, die dem Bild entspricht, das man sich von sich selber macht und das man bei anderen von sich hervorrufen

---

10  Vgl. zum Beispiel James HILLMANN (2001), 151: «Im hohen Alter Würde haben und mit Würde gehen – das sind Eigenschaften eines Charakters.»

möchte.[11] Der in der Sterbehilfe-Debatte immer wieder geäusserte Wunsch nach einem Sterben in Würde (bzw. das geforderte Recht auf ein Sterben in Würde) meint in diesem Zusammenhang eine rechtzeitige Beendigung des Lebens. Der unheilbar kranke Mensch kann dadurch einerseits einem zunehmend entwürdigenden Krankheitsverlauf entgehen und andererseits gerade durch den Akt des selbst terminierten Sterbens der eigenen Würde nochmals Ausdruck verleihen. So plädiert etwa Walter JENS mit dem Argument für eine Legalisierung aktiver Sterbehilfe, dass der Sterbende im Gedächtnis seiner Angehörigen «als ein Autonomie beanspruchendes Subjekt in Erinnerung zu bleiben wünscht und nicht als ein entwürdigtes, verzerrtes und entstelltes Wesen, dessen elendes Bild alle anderen [Bilder] auslöscht».[12]

---

11  Vgl. Nationalrat Franco CAVALLIs Begründung seiner am 27. September 2000 eingereichten Parlamentarischen Initiative zur Neuregelung der aktiven Sterbehilfe, in der auf die Regelung in den Niederlanden hingewiesen wird, wo die Straffreiheit aktiver Sterbehilfe unter anderem voraussetzt, dass «das Leben des Patienten wegen seines Krankheitszustandes mit der menschlichen Würde nicht mehr vereinbar [ist]».
12  Walter JENS (1995), 125.

# 3  Differenzierung des Würdebegriffs

Die soeben skizzierte Verwendung des Würdebegriffs in der gegenwärtigen Diskussion um die Sterbehilfe ist weit gehend unreflektiert-intuitiv. Das mag vor allem daran liegen, dass die Menschenwürde ein so fundamentales, im Prinzip universal anerkanntes Gut[13] und zugleich ein so häufig verwendetes Schlagwort ist[14], dass man diesen Begriff für in sich selbst evident

---

13  Franz Josef WETZ (1998), 182, ist überzeugt, dass «der Ausdruck Menschenwürde mittlerweile einen sicheren Platz in der Weltöffentlichkeit gefunden [hat]; er ist heute ein im allgemeinen Bewusstsein festverankerter Begriff, der sich angesichts weltweiter Not gar nicht mehr aus der Geschichte wegdenken lässt». Und Martin HONECKER (1990), 192, bezeichnet die Menschenwürde als «die Grundlage menschlichen Zusammenlebens. Sie ist Grundnorm, Grundwert und Grundrecht in einem». Allerdings ist in unserer Gesellschaft, wie Eduard PICKER (1992) in seiner Auseinandersetzung mit der utilitaristischen Moralphilosophie von Peter Singer und Norbert Hoerster eindrücklich nachweist, neben dem Absolutsetzen der Würde als eines unantastbaren Gutes auf der abstrakt-generellen Ebene zugleich eine gegenläufige Tendenz zu beobachten, die wachsende Bereitschaft nämlich, auf ethischer, juristischer und praktischer Ebene das einzelne menschliche Leben in seiner Schutzwürdigkeit zu relativieren. PICKER sieht in dieser «Diskrepanz zwischen ‹Würde›-Verabsolutierung und Lebens-Relativierung [...] den Ausdruck einer sich verbreitenden allgemeinen Haltung in Recht und Gesellschaft» (50) und spricht in diesem Zusammenhang von einer «Entvitalisierung der ‹Würde›» (39).

halten möchte. Das ist er aber nicht. Versucht man nämlich, ihn genauer zu fassen, zeigt sich rasch, dass er in seiner grundsätzlichen Bedeutung kaum bestritten ist und dennoch unterschiedlich verstanden und begründet wird.[15] Darum ist der Bundesrat etwa der Meinung,

14 Nicht nur ein gedankenlos-schlagwortartiger Gebrauch des Würdebegriffs ist diesem abträglich, sondern auch seine Verwendung als Zauberwort zur direkten Lösung aller möglichen komplexen Fragen, etwa im Bereich der Bioethik. Bedenkenswert scheint mir in diesem Zusammenhang die Warnung von Wolfgang HUBER (2002): «Wer meint, dass jede Einzelfrage unter unmittelbarem Rückgriff auf den Schutz der Menschenwürde gelöst und entschieden werden könne, läuft Gefahr, den Begriff der Menschenwürde zur billigen Münze zu machen. Ungewollt arbeitet er am Ende denen in die Hände, die sagen, der Begriff der Menschenwürde – der sich jeder abschliessenden Definition entzieht – sei ohnehin nur eine Leerformel ohne praktische Bedeutung» (35).

15 Eduard PICKER (2002) hat unlängst wieder deutlich an diesen Sachverhalt erinnert: «Die ‹Menschenwürde›, darüber herrscht bei den Rechtsgenossen so gut wie fraglose Einigkeit, steht als oberstes Tabu ausser Zweifel. Sie ist […] nach geschlossenem Chor ein ‹oberster Wert›, ein ‹tragendes Konstitutionsprinzip›, sogar die ‹vielleicht oberste Leitidee› sowie das ‹Fundament des Normengefüges unserer Verfassung›. Und sie bildet […] den ‹zentralsten› Wert der geltenden Ordnung. […] Der Gewissheit über die Sakrosanktheit der ‹Würde› entspricht [jedoch] nicht die über ihren Gehalt und dessen Konkretisierung! Im Gegenteil schlägt die Sicherheit über das Ausgangsaxiom offenbar schnell in Unsicherheit über dessen Reichweite um. […] Die Menschenwürde geniesst […] nur ‹als solche› die […] skizzierte fraglose Anerkennung als Absolutum. In ihrem Inhalt ist sie dagegen in hohem Masse ungeklärt und umstritten» (3–5). Gerhard Ludwig MÜLLER (2002), 269, ist darum zuzustimmen, dass auch «in den modernen rechtsstaatlichen Demokratien die Menschenrechte nicht automatisch geschützt [sind], weil sie in der Verfassung stehen und weil Verfassungsorgane über

19

die Argumentation mit dem Begriff der Menschenwürde sei

«deshalb nicht hilfreich, weil der Begriff der Menschenwürde ein
offener Begriff ist, der sich einer positiven Konkretisierung nachhaltig entzieht. Die Forderung, die Menschenwürde zu wahren,
macht eben gerade nicht klar, was in der Notsituation extremen
Leidens zulässig ist und was nicht. Wer seinen Standpunkt auf
die Wahrung der Menschenwürde abstützt, ist demnach auf-
gefordert, genauer darzulegen, inwiefern sein Konzept dieser
förderlich ist und inwiefern eine allenfalls vorhandene Gegen-
position die Menschenwürde nicht genügend beachte.»[16]

Eben dieser Aufforderung will die vorliegende Arbeit
nachkommen.

---

sie zu wachen haben. Es besteht immer die Gefahr, dass sie
im gesellschaftlichen Diskurs faktisch ausgehöhlt werden.
[...] Gerade das umfassende [...] Recht auf Leben und körperliche Unversehrtheit – das heisst die Nichtinstrumentalisier-
barkeit des Menschen – muss geistig immer neu erkämpft
und in der gesellschaftlichen und rechtlichen Realität durch-
gesetzt werden.»

16  Bericht, 9. Diese Aussagen enthalten einen Widerspruch:
Dass der Begriff der Menschenwürde ein «offener» (das
heisst wohl «ein unterschiedlich deutbarer») Begriff ist, bedeutet nicht, dass er sich «einer positiven Konkretisierung
nachhaltig [sic!] entzieh[en]» muss. Wäre dem nämlich so,
liesse dies keine differenzierende Präzisierung zu. Doch gerade zu solch «genauerem Darlegen» fordert der dritte Satz
des Zitats auf. Übrigens hatte schon der Bericht der Arbeitsgruppe Sterbehilfe an das Eidgenössische Justiz- und Polizeidepartement (EJPD) darauf hingewiesen, dass «der Begriff der Menschenwürde selber unterschiedlichen
Verständnissen zugänglich ist» (Sterbehilfe [1999], 21).

## 3.1 Zum Prinzip der Menschenwürde

Sinnvoll ist es, gleich zu Beginn darauf hinzuweisen, dass es sich beim Prinzip der Menschenwürde um eines jener «schlechthin höchsten Prinzipien [handelt], bei denen die üblichen Formen philosophischer und wissenschaftlicher Argumentation versagen».[17] Das Prinzip der Menschenwürde ist ein philosophisches Axiom, das heisst

«ein Satz, der jedem sinnvollen Zweifel enthoben, in einem strengen Sinn glaubwürdig ist. [Das griechische Grundwort *axioun* bedeutet «für glaubwürdig befinden».] [...] Es ist in dem Sinn unableitbar, dass es keinen höherrangigen Wert gibt, von dem her [es] im Sinne einer Ableitung zu rechtfertigen wäre. Es ist jene Grundregel im strengen Sinn von ‹Grund›, die, methodisch gesehen, alle Menschenrechte und Grundrechte legitimiert.»[18]

Darum kann die Menschenwürde als höchster moralischer Grundsatz nicht in einem streng wissenschaftlichen Sinn «bewiesen», sondern bloss in ihrem Gehalt und ihrer Gültigkeit – im Sinne einer Selbstevidenz – aus sich selbst heraus einsichtig gemacht werden.[19] Dabei handelt es sich durchaus um eine mit rationalen, wissenschaftlichen Mitteln zu lösende Aufgabe. Zu be-

---

17   Otfried HÖFFE (2002), 113.
18   Ebd., 114 f.
19   In diesem Sinn sagt Georg KOHLER (2001), 21: Menschenwürde «ist ein moralisches und metaphysisches Prinzip. Nicht aus Naturwissenschaft und überhaupt aus keiner Wissenschaft abzuleiten, markiert es das menschliche Nichtmehr-Tiersein in seinem verletzbaren [...] Anspruch auf Achtung und personhaft-selbstverantwortete Individualität. ‹Menschenwürde› ist nicht Science Fact und nicht Science Fiction, sondern ein letzter Wert, der a priori [...] auf praktisch verbindliche Geltung zielt.»

denken ist, dass die Würde des Menschen als ethisches Prinzip – wie immer es im Einzelnen verstanden wird – nicht an der empirisch vorfindlichen Natur des Menschen abgelesen werden kann.[20] Sie ist vielmehr etwas, was es philosophisch oder theologisch «zu entdecken, zuzuschreiben und vor allem anzuerkennen gilt».[21]

Ein kurzer Überblick über die Geschichte des Würdebegriffs[22] mag inhaltliche Präzisierungen und Differenzierungen ermöglichen und seine Verwendung klären.

### 3.2 Die geschichtliche Entwicklung des Würdebegriffs

«Menschenwürde bedeutet nicht zu allen Zeiten das gleiche. [...] Man kann sagen, es gibt fast ebenso viele Würdeinterpretationen, wie es philosophische Lehren und Strömungen gibt, und der Vielgestaltigkeit der damit verbundenen Menschenbilder sind keine Grenzen gesetzt.»[23] Diese Feststellung von Franz Josef WETZ ist zweifellos richtig. Und doch lassen sich in der Entwicklung des Würdebegriffs im Verlauf der abendländischen Geistesgeschichte einige Grundlinien feststellen, die für unsere Überlegungen entscheidend sind. Es

---

20  Für die Ethik gilt generell, dass ein moralisches Sollen nicht einfach aus dem empirischen Sein abgeleitet werden kann. Eine solche Ableitung käme einem so genannten naturalistischen Fehlschluss gleich.
21  Otfried HÖFFE (2002), 115.
22  Vgl. den instruktiven Abriss der «Ideengeschichte des Würdebegriffs» in Franz Josef WETZ (1998), 14–49.
23  Ebd., 14.

zeigt sich nämlich, dass das Konzept der Würde durch
die Jahrhunderte hindurch

«stets nur auf zweierlei Weise ausgelegt [wurde]: einmal als *Seinsbestimmung*, die dem Menschen als solchem kraft seines Menschseins zukommt, unabhängig von seinem Tun und den gesellschaftlichen Verhältnissen, in denen er lebt. So gesehen haben alle
Wesen, die Menschenantlitz tragen, von Geburt an Würde. Dann
aber bedeutete Würde auch einen *Gestaltungsauftrag*, demzufolge
es hauptsächlich von den Menschen selbst abhängt, von ihren Le-
bensweisen und Umgangsformen, ob es Würde gibt, wobei sie in
diesem Zusammenhang mal mehr als individuelles Verdienst,
mal als gesellschaftliche Leistung dargestellt wurde. Als Seinsbestimmung oder Wesensmerkmal ist die Würde *vorgegeben*, als
Gestaltungsauftrag *aufgegeben*. In der abendländischen Geschichte wurden beide Bestimmungen fast immer miteinander verbun-
den, nur verschieden interpretiert und fundiert. In der Regel war
es so, dass man die Würde als Gestaltungsauftrag aus der Würde
als Wesensmerkmal ableitete. Man sagte, der Mensch solle sich
seiner angeborenen Würde durch sein Denken und Tun als würdig erweisen.»[24]

Mit dieser Unterscheidung ist bereits eine wichtige Präzisierung gewonnen.

In der griechischen und römischen Antike wurde
von der Würde nur im letzten Sinne gesprochen als von
einer Errungenschaft bzw. von einem sozialen Rang,
der bloss wenigen zukam. Erst die mittlere Stoa erkann-
te, dass jedem Menschen Würde eigen ist, und zwar
aufgrund seines Menschseins und seiner Teilhabe an
der Weltvernunft. Marcus Tullius CICERO war der Erste, der nachweislich in diesem Sinne von einer allgemei-

---

24   Ebd., 15 (Hervorhebungen H.R.). Otfried HÖFFE (2002)
     spricht im Zusammenhang mit diesem doppelten Aspekt
     von der «Mitgiftwürde» und von der «Leistungswürde»
     (passim).

nen Menschenwürde sprach.[25] In ähnlicher Weise vertrat auch die christliche Theologie der Patristik und der Scholastik die Überzeugung, dass dem Menschen aufgrund seines Wesens, das ihn von anderen Kreaturen unterscheide, Würde zukomme, was insbesondere mit der aus Gen 1,26f. stammenden Vorstellung der «Gottebenbildlichkeit» *(imago Dei)* des Menschen begründet wurde. In diesem ontologischen Sinne erweist sich der Würdebegriff als formale Beschreibung des Humanum, wie immer dieses charakterisiert werden mag.

Wurzelt die Idee allgemeiner Menschenwürde in dieser stoisch-christlichen Tradition abendländischer Metaphysik, der Lehre von der Wirklichkeit des Seienden, ergibt sich mit dem Beginn der Neuzeit eine neue Akzentuierung, indem

«die Würde immer weniger auf die Gottebenbildlichkeit und Mittelpunktstellung des Menschen im Weltall zurückgeführt wird, sondern nur noch auf seine Vernunft und Freiheit. In dieser Geschichte der allmählichen Herauslösung der Würdeidee aus der alten religiös-metaphysischen Einbindung fällt Pascal eine wichtige Rolle zu. [...] Unmissverständlich schreibt er: ‹Die ganze Würde des Menschen liegt im Denken.›[26] [...] Dieser Gedanke, demzufolge die menschliche Würde allein im Denken besteht, ist charakteristisch für die gesamte neuzeitliche Philosophie bis zu John Stuart Mill, der im 19. Jahrhundert den Begriff ‹Würde› gleichfalls nur noch im menschlichen Verstand begründet sah.»[27]

---

25  Vgl. Franz Josef WETZ (1998), 20.
26  Vgl. Blaise PASCAL (1925), Frg. 346: «Pensée fait la grandeur de l'homme»; Frg. 347: «Toute notre dignité consiste en la pensée.»
27  Franz Josef WETZ (1998), 34. Otfried HÖFFE (2002) erinnert in diesem Zusammenhang daran, dass «der philosophische

Wirkungsgeschichtlich bedeutsam wurde in der Neuzeit vor allem die Bestimmung des Würdebegriffs durch Immanuel KANT. Er verstand die Menschenwürde als einen absoluten und unvergleichlichen inneren Wert, der «über allen Preis erhaben ist» und durch keinen anderen Wert bzw. kein anderes Gut aufgewogen oder ersetzt werden kann. Gemäss seiner vielfach zitierten Unterscheidung in der Grundlegung zur Metaphysik der Sitten hat im Reiche der Zwecke «alles entweder einen Preis oder eine Würde. Was einen Preis hat, an dessen Stelle kann auch etwas anderes als Äquivalent gesetzt werden; was dagegen über allen Preis erhaben ist, mithin kein Äquivalent verstattet, das hat eine Würde.»[28] Grund dieser Würde ist die Freiheit und Autonomie des Menschen, die es ihm ermöglichen, sich selbstbestimmt nach dem Sitten- oder Vernunftgesetz zu richten. «Also ist die Sittlichkeit [...] dasjenige, was allein Würde hat»,[29] und es ist die «Würde des reinen Vernunftgesetzes in uns»,[30] die besondere Achtung verdient.[31] Für KANT ist die Würde sowohl Wesensmerkmal des Menschen als auch ein an den Menschen gerichteter Gestaltungsauftrag. Insofern die Würde *Wesensmerkmal* ist, kommt sie allen Menschen zu und muss unbedingt respektiert wer-

---

Begriff des Menschen bekanntlich seit mehr als zwei Jahrtausenden *animal rationale* oder *zôon logon echon* lautet» (130).

28  Immanuel KANT (1968), Bd. 4, 434.

29  Ebd., 435.

30  Ebd., Bd. 6, 397.

31  Anders als Pascal unterscheidet Kant allerdings zwischen Verstand und Vernunft: «Nicht schon als *animal rationale*, als ‹Verstandesmensch›, sondern erst als *animal morale*, als ‹Vernunftmensch› im Sinne der moralisch-praktischen, nicht der theoretischen Vernunft, besitzt [der Mensch] den absoluten inneren Wert» (Otfried HÖFFE [2002], 130).

den. Sie kann selbst dem nicht abgesprochen werden, der sie in seinem Handeln verleugnet. Darum darf man «selbst dem Lasterhaften als Menschen nicht alle Achtung versagen, die ihm wenigstens in der Qualität eines Menschen nicht entzogen werden kann; obzwar er durch seine Tat sich derselbst unwürdig macht».[32] Insofern die Würde ein an den Menschen gerichteter *Gestaltungsauftrag* ist, soll dieser in der täglichen Praxis danach streben, zu einem moralisch guten Lebenswandel zu gelangen, und sich als eine Persönlichkeit erweisen, die der ihr eigenen Würde gemäss handelt und eine entsprechende Achtung verdient.

Mit dieser Begründung der Würde in der Vernunft und der Autonomie des Menschen ist ein bis heute nachhaltig wirksames Motiv des Würdeverständnisses gegeben, das auch die populären Vorstellungen über würdiges oder unwürdiges Leben wesentlich bestimmt. KANTs Würdeverständnis hat sich zwar von seinem religiös-metaphysischen Ursprung gelöst, bezieht sich aber nach wie vor auf die beiden einander zugeordneten Aspekte der Würde als einer vorgegebenen Seinsbestimmung einerseits und eines aufgegebenen Gestaltungsauftrags andererseits. Darauf basiert letztlich auch die neuzeitliche Entwicklung der Menschenrechte, die in ihrem Anspruch von einer seinsmässigen Würde des Menschen hergeleitet werden.[33]

---

32 Immanuel KANT (1968), Bd. 6, 463.

33 Dabei ist festzuhalten: «So reich die abendländische Philosophie an Auffassungen über die Menschenwürde ist, zur rechtlich-politischen Durchsetzung dieser Idee kam es in der Vergangenheit nicht. Jahrhunderte lang stellte die Menschenwürde entweder einen religiös-metaphysischen Seinswert oder ethisch gebundenen Vernunftwert dar, verfas-

## 3.3 Neuere Infragestellungen des Konzepts
    der Menschenwürde

In jüngster Zeit ist dieses für die abendländische Tradition klassische Würdeverständnis allerdings in zweifacher Hinsicht grundsätzlich in Frage gestellt worden.[34]

So gibt es philosophische Positionen, die davon ausgehen, dass das Würdekonzept der neuzeitlichen Vernunftphilosophie nicht mehr nachvollziehbar sei und dass man auf die Postulierung eines ontologischen Würdebegriffs verzichten müsse und die Würde nur noch als Gestaltungsauftrag, als soziale Konstruktion verstehen dürfe. Franz Josef WETZ etwa meint:

«Angesichts der unaufgebbaren Forderung nach weltanschaulicher Neutralität im öffentlichen Leben [...] scheinen mittlerweile nicht mehr nur Unbestimmtheit und Unbegründbarkeit der Würdeidee festzustehen, sondern auch deren Phantom-Charakter. Je weiter wir uns auf eine völlig säkularisierte Kultur mit zunehmend naturwissenschaftlichem Weltbild hinbewegen, um so fragwürdiger wird die Vorstellung einer uns von Natur aus zukommenden Wesenswürde.» [...] «Der säkulare Pluralismus und wissenschaftliche Naturalismus [legen uns heute] die Verabschiedung der Wesenswürde nahe, obgleich uns dieser Schritt wehtut und deshalb die Einwilligung darein schwer fällt. *Aber Würde ist im nachmetaphysischen Zeitalter nicht mehr als abstraktes Wesensmerk mal vorstellbar, sondern bestenfalls als konkreter Gestaltungsauftrag.*»

---

sungsgeschützter Rechtswert dagegen wurde sie erst im 20. Jahrhundert» (Franz Josef WETZ [1998], 49).

34 Göran COLLSTE (2002), 14, weist darauf hin, dass «many critical voices raised against the plausibility and relevance of the principle of human dignity in today's discussions on different fields of applied ethics strengthen the impression that at least it is not self-evident that the idea of human dignity shoud keep its prominent place».

[...] «Mit dieser weltanschauungsneutralen Interpretation der Menschenwürde als Gestaltungsauftrag kehrt die abendländische Philosophie gleichsam zu ihren Anfängen zurück. Denn der dargestellte Gegenentwurf [...] schlägt gewissermassen einen Bogen zurück zur Antike, in der die Würde gleichfalls mehr als Gestaltungsauftrag denn als Wesensmerkmal gesehen wurde.»[35]

WETZ glaubt deshalb, auf jede Art religiöser, metaphysischer oder vernunftphilosophischer Letztbegründung verzichten und die Menschenwürde allein – gleichsam *e contrario* – aus der Bedürftigkeit und Verletzbarkeit des Menschen ableiten zu können: «Was den Menschen zu einem besonders schützenswerten Wesen macht, ist seit jeher weniger seine Wertbesonderheit als vielmehr seine angeborene Hilfsbedürftigkeit.»[36] Für die These, die Hilfsbedürftigkeit des Men-

---

35   Franz Josef WETZ (1998), 149, 162, 168. Hier ist hinzuzufügen, dass diese Position nur *eine* unter anderen ist und dass «die abendländische Philosophie» mit ihr keineswegs zum Würdebegriff der Antike zurückkehrt! Es fällt auf, dass WETZ immer wieder geneigt ist, seine Position absolut zu setzen. So kann ich schwerlich nachvollziehen, weshalb der für seine Konzeption als Grundlage vorausgesetzte (weltanschauliche!) «wissenschaftliche Naturalismus» ausgerechnet als «weltanschauungsneutral» (168) zu gelten habe! Alles andere als neutral klingt es jedenfalls, wenn er in einem Nachsatz herablassend konzediert, dass «es natürlich jedermann erlaubt sei, weiterhin an die Existenz eines solchen [Faktums einer wesensmässigen Würde, H. R.] zu glauben» (169).

36   Ebd., 169. Ähnlich argumentiert auch R. Harri WETTSTEIN (2000), 73, wenn er betont, Würde sei «keine Eigenschaft der Person, keine intrinsische Qualität», sondern «ergebe sich aus der Verletzlichkeit des Menschen». Er wendet sich dezidiert gegen die Vorstellung eines ontologischen Würdeverständnisses, das die Menschenwürde allen Menschen gleichermassen zuschreibt, sondern plädiert dafür, dass «Würde ein ungleiches Rechtsgut [sei], das jenen um so

schen sei schützenswert, rekurriert WETZ allein auf das
«Wohlwollen» von Menschen, das diese «über den
Schatten [ihres] eigenen Vorteils springen lässt».[37] –
«Alles Weitere ergibt sich dann von selbst.»[38]

Diese Würdekonzeption mit ihrem Appell an die
menschliche Empathie halte ich argumentativ für wenig überzeugend[39] und aufgrund der in der abendländischen Geschichte gewonnenen Differenzierungen des
Würdebegriffs nicht für einen Fortschritt, sondern für
einen Rückschritt.[40] Die formale Unterscheidung zwischen der Würde als Seinsbestimmung und der Würde

---

mehr zukommt, [die] der Machtressourcen verlustig gegan-
gen sind». Denn: «Macht verhält sich zur Würde umgekehrt
proportional: Je mehr Würde ein Mensch hat, desto weniger
Macht besitzt er und umgekehrt.»

37 Franz Josef WETZ (1998), 179.

38 Ebd., 178.

39 Vgl. das eigentümliche Paradox: «Man sollte die Menschenwürde gerade dann achten, wenn es sie nicht gibt, damit es
sie gibt, weil sie vielleicht das einzige ist, das uns in einer ent-
zauberten Welt noch Wert verleiht. [...] Erst die Wurde zu
respektieren heisst, sie zu konstituieren» (ebd., 182).

40 Damit soll nicht bestritten werden, dass WETZ' Kritik an der
Überschätzung der Geschichtsmächtigkeit philosophischer
Letztbegründungen (ebd., 177f.) bedenkenswert ist. Sie ist jedoch noch kein Argument für den grundsätzlichen Verzicht
auf Letztbegründungen, etwa im Sinne eines ontologischen
Würdebegriffs. – Einen Fortschritt kann WETZ allerdings zu
Recht geltend machen, nämlich das Ernstnehmen der «Frage
nach menschenwürdigen Verhältnissen, ohne welche die Rede von Würde eine leere Phrase bleibt. Deshalb kann man sagen: Einerseits bedeutet jetzt Würde weniger als in der Vergangenheit, in der sie ausser als Gestaltungsauftrag auch als
Wesensmerkmal vorgestellt wurde; andererseits bezeichnet
sie nun aber auch mehr, da sich der neue Würdebegriff auf
die ganze Mannigfaltigkeit und Fülle der menschlichen Da-
seinsgestaltung bezieht» (164).

als Gestaltungsauftrag scheint mir unverzichtbar für den Kern der Diskussion um Menschenwürde und Menschenrechte.

Ein zweiter Aspekt der Kritik richtet sich nicht so sehr gegen das Konzept einer wesenhaften Würde als solches, sondern gegen die herkömmliche Begrenzung des Kreises derer, die als Träger dieser Würde und des mit ihr gegebenen Rechtes auf Lebensschutz gelten können. Vor allem die Vertreterinnen und Vertreter einer utilitaristischen Ethik sowie gewisse Protagonisten der neueren Tierethik stellen die Grundannahme des traditionellen Menschenwürdekonzeptes in Frage, es gebe eine Würde, die *nur* Menschen, und zwar grundsätzlich *allen* Menschen, zukomme.[41] Sie halten die blosse Zugehörigkeit eines Wesens zur Gattung *homo sapiens* noch nicht für einen hinreichenden Grund, diesem eine absolute Würde zuzusprechen. Umgekehrt wird zuweilen die These vertreten, dass es zum Beispiel im Tierreich unter den Primaten Wesen gebe, denen eine dem Menschen ähnliche Würde zugestanden werden müsse, ja dass unter Umständen Primaten eine Würde und damit ein Recht auf Lebensschutz zuzuer-

---

41  Einen Überblick über solche Infragestellungen bietet Göran COLLSTE (2002) bezüglich der utilitaristischen Positionen von Joseph Fletcher, John Harris, Jonathan Glover, Helga Kuhse und Peter Singer (109–130) sowie in Bezug auf die tierethischen Positionen von Peter Singer, Tom Regan und James Rachels (131–160). So beschreibt COLLSTE etwa die Anfrage von James Rachels, «that Darwinism undermines the reasons for human dignity. While Darwin's theory shows that evolutionary development is gradual and quantitative, the difference between human beings and animals is only one of degree, not of kind, and, as a consequence, the idea of human uniqueness is undermined» (168).

kennen sei, die beispielsweise über der Würde und dem Lebensrecht eines behinderten Neugeborenen oder eines dementen Hochbetagten stünden.

Bei einem solchen ethischen Ansatz liegt das entscheidende Kriterium dafür, ob jemandem eine unverlierbare und unverletzbare Würde eigen sei, nicht darin, ob er oder sie zur Spezies *homo sapiens* gehört, sondern darin, ob gewisse Merkmale gegeben sind, die ein Wesen erst zu einer «Person» machen (so etwa der entscheidende Gesichtspunkt bei Joseph Fletcher und Peter Singer).[42]

Ähnliche Überlegungen drängen sich auch in der Frage auf, von welchem Stadium an einem werdenden Menschen (bzw. einem Fötus) ein entsprechender Personstatus und damit die einer Person zukommende Würde zuzusprechen sei.

Eine eingehendere Diskussion dieses hinsichtlich der Konsequenzen hoch sensiblen Fragenkomplexes sprengt den Rahmen der vorliegenden Arbeit und muss deshalb unterbleiben. Für meine weiteren Ausführungen gehe ich von Göran COLLSTES Grundüberzeugung aus:

«The only possible and non-arbitrary boundary is between a species, *Homo sapiens*, with the morally relevant rational and moral nature and the species without. Thus, the line of demarcation vis-à-vis other species is absolute. It goes without saying that this does not imply that members of other species are without value or moral standing.»[43]

---

42  Zu Joseph Fletcher und seiner Unterscheidung von «persons» und «sub-persons», die er anhand eines Katalogs von 15 Indikatoren vollzieht, vgl. Göran COLLSTE (2002), 110–119; zu Peter Singer vgl. ebd., 123–129, 131–135.

43  Ebd., 169.

## 3.4 Inhärente vs. kontingente Würde

Wir halten uns im Folgenden an die Unterscheidung einer Würde, die dem Menschen als Menschen zusteht, die ihm inhärent ist, und einer Würde, die ihm durch die Art seines Verhaltens, durch seinen Stand oder seine äusseren Lebensbedingungen zukommt (oder vorenthalten bleibt). Diese Unterscheidung lässt sich auch als Unterschied zwischen einer inhärenten Menschenwürde und einer kontingenten Würde beschreiben.[44]

Die dem Menschen *inhärente Würde* zeichnet sich dadurch aus, dass sie ihm mit seinem Sein selbst gegeben ist. Sie ist ein Teil des Humanum. Sie kann und muss nicht erst durch irgendwelche Leistungen oder äussere Lebensbedingungen angeeignet oder verwirklicht werden.[45] Sie ist einem Menschen bereits dadurch gegeben, dass er Mensch ist. «*Würde ist ein Status, kein Verdienst.*»[46] Deshalb kann sie auch nicht verloren gehen oder durch irgendwelche Faktoren beeinträchtigt werden. Sie bleibt, solange das menschliche Sein existiert, dem sie inhärent ist. Und sie kommt grundsätzlich jedem Menschen in gleichem Masse zu. Wenn wir von Menschenwürde oder von den aus ihr abgeleiteten Menschenrechten sprechen, geht es immer um diese dem Menschen inhärente Würde.

Anders verhält es sich, wenn wir etwa von der Würde eines hohen politischen Gastes oder eines geist-

---

44 Vgl. Philipp BALZER / Klaus RIPPE / Peter SCHABER (1998), 17–20.

45 Vgl. Robert SPAEMANN (2001b), 118: «Die Würde des Menschen kann so wenig wie die Gottes ‹verwirklicht›, sie kann nur als immer schon wirklich geachtet werden.»

46 Walter SCHWEIDLER (2001), 15.

lichen Würdenträgers sprechen. Diese Würde ist der betreffenden Person nicht als Mensch inhärent; sie ist vielmehr *kontingent*. Sie ist ein soziales Attribut und kommt dieser Person nur dadurch zu, dass sie eine bestimmte soziale Stellung innehat oder eine bestimmte Rolle ausübt. Sie ist einem Menschen nicht einfach eigen, sondern muss erworben werden (durch Qualitäten, berufliche Leistungen oder sonstige Verdienste, welche diesen Aufstieg in die betreffende Funktion ermöglichen). Mit dem Rücktritt von einer solchen Position verliert der Würdenträger die entsprechende Würde grundsätzlich wieder. Kontingente Würde ist demnach etwas Vorübergehendes – im Unterschied zur inhärenten Menschenwürde, die unverlierbar ist. Diese Form der kontingenten Würde kann als *soziale Würde* bezeichnet werden.[47]

Von einer anderen Art kontingenter Würde ist die Rede, wenn wir zum Beispiel das Verhalten einer Sportlerin oder eines alten Mannes als unwürdig bezeichnen oder wenn wir gewisse äussere Lebensumstände als entwürdigend empfinden. Hier geht es im ersten Fall um ein mehr oder weniger würdevolles Benehmen einer Person, im zweiten Fall um die Frage, inwieweit die äusseren Lebensumstände die (sozial-kontingente oder die inhärente Menschen-)Würde einer Person angemessen widerspiegeln. Da es bei dieser Form der Würde um die Art geht, wie kontingente Würde zum Ausdruck gebracht wird, können wir von *expressiver Würde* sprechen.[48] Kontingente Würde ist immer un-

---

47 Ebd., 18.
48 Ebd., 19. Wenn Eberhard SCHOCKENHOFF (1991), 47, erklärt, «das Opfer eines feigen Gewaltverbrechens [verliere] zwar sein Leben, nur sein Mörder aber seine Würde als

gleich verteilt, weil sie sich nicht auf das in allen Menschen gleiche Humanum bezieht, sondern auf die unterschiedlichen Qualitäten, Verhaltensweisen, Funktionen und Lebensumstände der Menschen.

Menschenwürde als dem Menschen inhärente Würde kann jemandem also weder abgesprochen, noch kann sie angetastet oder verletzt werden. Der Mensch kann sie weder durch sein eigenes Verhalten noch durch seine äusseren Lebensbedingungen verlieren. «Auch verhöhnte und verachtete Würde *bleibt Würde.*»[49] Verletzbar bzw. antastbar ist nur der Anspruch auf Achtung und Respekt, der sich aus der inhärenten Würde des Menschen ergibt.[50]

---

Mensch», so stimmt dies insofern, als das Opfer seine Menschenwürde behält und der Mörder seine *expressive, kontingente* Würde verliert. Seine *inhärente Menschenwürde* verliert aber auch der Mörder *nicht.*

49  Eberhard JÜNGEL (1997), 25.

50  Walter SCHWEIDLER (2001), 12, weist in diesem Zusammenhang auf die «ganz eigentümliche Verschiebung» hin, «die für das spezifisch geistige Machtverhältnis charakteristisch ist, welches die Menschheit miteinander verbindet: Wer eine ‹würdeverletzende› Handlung begeht, nimmt nicht seinem Opfer, sondern sich selbst die Würde.» Vgl. im selben Sinne Robert SPAEMANN (2001b), 110 f.: «Die Würde des Menschen ist in dem Sinne unantastbar, dass sie von aussen nicht geraubt werden kann. Man kann nur selbst die eigene Würde verlieren. Von anderen kann sie nur insoweit verletzt werden, als sie nicht respektiert wird. Wer sie nicht respektiert, nimmt nicht dem anderen seine Würde, sondern er verliert die eigene.» In beiden Zitaten fehlt eine Präzisierung insofern, als mit der unantastbaren Würde immer die immanente Würde gemeint ist, während die Würde, die ein Mensch verliert, wenn er die Würde anderer nicht respektiert, nur die kontingente Würde sein kann.

In der Rede von der Unantastbarkeit der Menschenwürde[51] verbinden sich demnach zwei Aspekte: Als streng philosophisch-ethische Begriffsbestimmung hat die Rede von der Unantastbarkeit der Menschenwürde *deskriptiven* Charakter. Sie beschreibt die Menschenwürde als eine dem Menschen *inhärente* und eben dadurch unverletzbare, unantastbare Würde.[52] Im Rahmen einer staatlichen Verfassung ist sie als Schutzbestimmung zu verstehen, die den einzelnen Bürger vor Übergriffen anderer schützen soll. In diesem juristischen Sinne hat die Rede primär *präskriptiven* Charakter. Sie verbietet Handlungen und das Zulassen von Situationen, infolge deren die inhärente Menschenwürde einer anderen Person angetastet bzw. nicht angemessen geachtet und respektiert wird.[53] Auf welche Weise der deskriptive und der präskriptive Aspekt der Men-

---

51  Vgl. etwa Art. 1 des Grundgesetzes für die Bundesrepublik Deutschland: «Die Würde des Menschen ist unantastbar»; oder Art. 1 der European Charter of Fundamental Human Rights: «Human dignity is inviolable. It must be respected and protected» (Art. 1 der European Charter of Fundamental Human Rights ist wiedergegeben in: Göran COLLSTE [2002], 205–219, dort 205).

52  Vgl. Gerhard Ludwig MÜLLER (2002), 267: «Die Würde des Menschen muss als unverfügbar anerkannt werden, weil sie allen Eigenschaften, Fähigkeiten, Lebensstadien als einheitsstiftender Grund vorausliegt. Der Mensch ist nicht die Summe seiner Eigenschaften, sondern ein Zentrum, mit dem sich unterschiedliche Eigenschaften verbinden. Definierte sich der Mensch nur von bestimmten psychischen Eigenschaften oder biologisch feststellbaren Merkmalen her, dann wäre er der Herrschaft der Definitionen anderer ausgeliefert.»

53  Vgl. die Formulierung in Art. 7 der Bundesverfassung der Schweizerischen Eidgenossenschaft: «Die Würde des Menschen ist zu achten und zu schützen.» Eigentlich kann die Menschenwürde nur *geachtet* werden; *geschützt* werden kön-

schenwürde als inhärenter Würde zusammengehören, beschreibt Eberhard JÜNGEL:

«Kann die Würde der Person keinem Menschen genommen werden, dann gehört sie in den Bereich eines *souveränen Indikativs*, aus dem zwar ein *Imperativ* zwingend folgt, der aber als Indikativ *nicht* erst durch die Befolgung des Imperativs konstituiert wird. Die Würde der Person ist dann mit dem Personsein des Menschen genau so mitgegeben, wie das Personsein mit dem Menschsein des Menschen mitgegeben ist.»[54]

## 3.5 Zur ethischen Bedeutung
der Imago-Dei-*Konzeption*

In den philosophischen und theologischen Diskussionen wurde während Jahrhunderten immer wieder versucht, die *Eigenschaften* zu benennen, durch welche dem Menschen eine inhärente Würde zukomme. In der abendländischen Tradition der Neuzeit waren es insbesondere die Vernunft, die Autonomie, die Freiheit oder die Sittlichkeit, aufgrund deren die spezifische Würde und dadurch das besondere Schutzrecht des Menschen anerkannt wurden.

Die Problematik einer solch *inhaltlichen* Bestimmung des Würdebegriffs liegt darin, dass sie einzelne Aspekte, genauer einzelne *Fähigkeiten und Qualitäten*, des Menschen zu entscheidenden Kriterien erhebt und aus ihnen die inhärente Würde des Menschen ableitet. Und

---

nen nur die aus der Menschenwürde hervorgehenden Menschen*rechte*.

54  Eberhard JÜNGEL (1997), 22. Walter SCHWEIDLER (2001), 17, formuliert diesen doppelten Aspekt ganz knapp: «Die Würde ist uns geschenkt und auferlegt zugleich.»

weil die Menschenwürde die Schutzwürdigkeit und das Lebensrecht des Menschen begründet, sind die praktischen Auswirkungen eines Würdebegriffs weitreichend.

Neuere Diskussionen um die Würde und das Lebensrecht behinderter Menschen verdeutlichen, wie problematisch es ist, die Menschenwürde an das Vorhandensein gewisser Qualitäten, etwa der Fähigkeit zu vernünftigem Denken oder autonomem Handeln, zu binden. Eine solche ganz am gesunden, intellektuell wachen und autonomen Erwachsenen Mass nehmende Anthropologie hat bald zur Folge, dass denjenigen Menschen Würde und Lebensrecht aberkannt werden, die den in einer solchen Würdedefinition festgesetzten Standards nicht genügen.[55]

In diesem Zusammenhang möchte ich auf ein Motiv zurückkommen, das die abendländische Diskussion um die Menschenwürde entscheidend geprägt hat: die theologische Denkfigur der Gottebenbildlichkeit *(imago Dei)*.[56] Die Auslegungsgeschichte der Stelle Gen 1,26 f.,

---

55 Vgl. Ulrich EIBACH (1991), 159: Die theologische und philosophische Anthropologie hat sich insbesondere seit der Aufklärung «fast ausschliesslich an den höchsten geistigen Fähigkeiten des Menschen orientiert und daher auch keine Anthropologie des leidenden und versehrten Menschen ausgebildet. Immanuel Kants [...] Begründung der Menschenwürde geht von einem Persönlichkeitsideal aus, nach dem Freiheit, Vernunft und sittliche Autonomie den Menschen erst zur Person werden lassen. Mit einem solchen Persönlichkeitsideal geht [...] nicht selten offen oder insgeheim eine Verachtung der schwachen, behinderten, kranken Menschen einher.»

56 Angesichts der hohen Bedeutung dieser Denkfigur für die theologische Begründung der Menschenwürde ist festzuhalten, dass aus ihr noch nicht notwendigerweise ein Würdever-

auf die sich diese Vorstellung bezieht,[57] umfasst vielfältige Versuche, diese Gottebenbildlichkeit des Menschen aufgrund bestimmter Eigenschaften zu charakterisieren. Neuere exegetische und systematische Arbeiten weisen allerdings in eine andere Richtung. Nach Claus WESTERMANN besteht zunehmend

«Übereinstimmung darin, dass in Gen 1,26f. mit dem Reden von Gottebenbildlichkeit *nicht etwas am Menschen*, weder etwas Körperliches noch etwas Geistiges, *sondern der ganze Mensch* gemeint ist» und dass «der Text nicht eine Aussage über den Menschen [macht], sondern über ein Tun Gottes» am Menschen. Es geht demnach um eine «Näherbestimmung des Schöpfungsaktes, die die Ermöglichung eines Geschehens zwischen Gott und Mensch, nicht aber eine Qualität des Menschen an sich bedeutet».[58]

―――――――――

ständnis folgt, wie wir es aus der modernen Ethik kennen. Otfried HÖFFE (2002), 121, weist zu Recht darauf hin, dass es, «obwohl nach alttestamentlichem Verständnis *alle* Menschen Gottes Ebenbild sind, doch ein auserwähltes Volk gibt, innerhalb des auserwählten Volkes die Frauen nicht gleichberechtigt sind und es Sklaven, sogar hebräische (Schuld-)Sklaven, geben darf. [...] Man darf die legitimatorische Reichweite der blossen Gottebenbildlichkeit nicht überschätzen.» Dies bestätigt auch Göran COLLSTE (2002), 33f. Dass die Gottebenbildlichkeit aller Menschen deren fundamentale Rechtsgleichheit zur Folge habe, ist eine relativ junge Interpretation!

57 Dabei ist zu bedenken, dass der Begriff der Gottebenbildlichkeit «bereits ein theologisches Interpretament ist, das nicht ohne Vorbehalt an das vielfältig diskutierte Ausdruckspaar ‹als unser Bild› *(b=salm-e=nu)* und ‹wie unsere Gestalt› *(k=dmut-e=nu)* in V. 26b herangetragen werden darf» (Manfred GÖRG [1998], 14).

58 Claus WESTERMANN (1976), 208, 214, 217 (Hervorhebungen H. R.).

Die Bedeutung dieser Einsicht liegt darin, dass sie einen relationalen Begriff der Person ins Spiel bringt, deren inhärente Würde weder davon abhängig ist, dass ein Mensch mit Vernunft, Autonomie und Freiheit ausgestattet ist, noch davon, dass er sich durch eine bestimmte physische Verfassung oder durch die moralische Qualität seines Handelns auszeichnet. Das Personsein und die ihm innewohnende Würde liegt vielmehr in seinem Anerkanntsein und Wertgeachtetsein *von aussen*.[59] «Diese der Person wesentliche Externitätsstruktur gibt dem Personsein, bevor es dem Menschen *zur moralischen Aufgabe* wird, einen *indikativischen character indelebilis*. Und es ist die *Souveränität dieses* im Recht der Gnade begründeten *unzerstörbaren Indikativs*, die die Würde der Person unantastbar macht.»[60]

Dieser Aspekt scheint mir für die heutige medizinethische Diskussion von weitreichender Bedeutung. Wenn Philipp B ALZER / Klaus Peter R IPPE / Peter SCHABER die *Imago-Dei*-Konzeption im Hinblick auf die heutige Würdediskussion für zu unbestimmt und

---

59  Theologisch kommt dies im Begriff der «fremden Würde» zum Ausdruck; vgl. Ruth B AUMANN-HÖLZLE (2000b), 114.

60  Eberhard JÜNGEL (1997), 24. Ähnlich argumentiert Johannes FISCHER (1996), 117: «Person ist ein Mensch nicht kraft irgendwelcher inhärenter Eigenschaften (wie zum Beispiel Rationalität und Selbstbewusstsein), sondern Person ist er dadurch, dass andere [...] auf ihn als Person bezogen sind. Seine Personalität kommt ihm *von aussen* zu.» Diesen Gedanken finden wir auch bei Gunda SCHNEIDER-FLUME (1998), 372: «Menschen sind defizitär bestimmt, wenn ihre Würde allein in der Selbstbestimmung und in der Rationalität erkannt wird. Schon vor aller Selbstbestimmung und unabhängig von ihr haben Menschen ihre Würde. Sie kommt ihnen von ausserhalb ihrer zu.»

deshalb für wenig brauchbar halten, solange «in der Theologie keine Einigkeit [besteht], welche Eigenschaften den Menschen zu einem Ebenbild Gottes machen»,[61] übersehen sie den entscheidenden Punkt: Die durch die Gottebenbildlichkeit ausgezeichnete Würde gründet gerade *nicht* in irgendwelchen menschlichen Eigenschaften, sondern im relational verstandenen und *von aussen* konstituierten Personsein des *ganzen* Menschen.[62]

Ulrich EIBACH sagt deshalb zu Recht, die Würde des Menschen gründe nach christlicher Auffassung, «nicht darin, dass er [der Mensch, H.R.] über dem Tier steht, sondern darin, dass er in besonderer Weise unter Gott steht, dass Gott ihn zu seinem Partner erwählt und geschaffen [...] hat. In dieser Zuwendung Gottes zum Menschen wird der Mensch als *Person* konstituiert.»[63] Gerade darin liegt eben die menschliche Würde, dass sie nicht empirisch – aufgrund irgendwelcher Eigenschaften oder Leistungen – festgestellt werden kann, sondern im Glauben wahrgenommen und aner-

---

61  Philipp BALZER / Klaus Peter RIPPE / Peter SCHABER (1998), 23.

62  Helmut THIELICKE (1958), 292, spricht deshalb von der durch die *imago Dei* gegebenen «fremden Würde des Menschen, [...] die *in* dem und *durch* den begründet ist, der sie verleiht». – Auch aus der kantianischen Tradition kann Walter SCHWEIDLER (2001) diesen relationalen Aspekt der Menschenwürde betonen: «*Würde ist ein Verhältnis, keine Eigenschaft:* Das heisst, es ist schon missverständlich, wenn man sagt, die Würde sei etwas ‹an› uns. Sie ist zunächst ein Verhältnis *zwischen* Menschen. [...] Sobald man versucht, die Würde an bestimmte vorliegende Eigenschaften zu knüpfen, lässt sich die Auszeichnung des Menschen nicht mehr halten» (11).

63  Ulrich EIBACH (1991), 158.

kannt werden muss.[64] Als solche lässt sie sich auch nicht auf einen einzelnen Aspekt des Menschen – etwa auf seine Seele oder seinen Verstand – beschränken: «Ebenbild Gottes ist nach dem Schöpfungsbericht der ganze Mensch in allen seinen Lebensverhältnissen.»[65]

### 3.6 Konsequenzen für die medizinethische Diskussion

Die in diesem Kapitel dargelegte Unterscheidung von inhärenter und kontingenter Würde ist für medizin- und pflegeethische Überlegungen, etwa im Zusammenhang mit der Pflege von kurativ nicht mehr behandelbaren Langzeitpatienten oder im Zusammenhang mit der Frage eines «würdigen Sterbens», von eminenter Bedeutung. Das wird deutlich, wenn wir zwei weitere Unterscheidungen vornehmen.

Die erste Unterscheidung ist die Unterscheidung zwischen der *Person* und der *Persönlichkeit* des Menschen.[66]

---

64 Darin ist die theologische Ethik in keiner grundsätzlich anderen Lage als die Moralphilosophie. Für beide gilt: «Humanität, Menschenwürde können nicht bewiesen, wohl aber anerkannt werden» (Martin HONECKER [1990], 196). Solche Unbeweisbarkeit bedeutet aber nicht, dass das Konzept der Menschenwürde nicht vernünftig begründet und erklärt werden kann. Im Gegenteil: Das Konzept bedarf der Begründung und der Klärung, wenn die Menschenwürde in ihrer Bedeutung und ihren Konsequenzen tatsächlich anerkannt werden soll.

65 Jürgen MOLTMANN (1979), 20.

66 Ulrich EIBACH (1998), 64–67, bezeichnet als Persönlichkeit das, was ein Mensch «aufgrund seiner ihm bzw. der Gattung immanenten Fähigkeiten aus sich selbst macht und wozu er durch den Einfluss anderer Menschen (Erziehung usw.) wird» (64).

41

Menschenwürde, so haben wir gesehen, ist jedem Menschen als Person eigen. Von diesem Personsein zu unterscheiden ist die konkrete, sich verändernde Persönlichkeit, durch die ein Mensch seine individuelle Gestalt hat. Zur Persönlichkeit gehören die psychische Konstitution, die geistigen Fähigkeiten sowie die Prägung durch soziokulturelle Faktoren. Im Unterschied zur Person, die als solche empirisch nicht fassbar ist, ist die Persönlichkeit eines Menschen sehr wohl

«eine *empirische Grösse*, die ganz unterschiedlich entwickelt sein und durch Krankheit, Behinderung und moralisches Versagen in Verlust geraten kann. Von der fehlenden Entfaltung der *Persönlichkeit* darf aber nicht auf das Fehlen des *Personseins*, vom Verlust von Persönlichkeitsmerkmalen nicht auf den Verlust des Personseins und der Menschenwürde rückgeschlossen werden.»[67]

Das heisst: Ein Mensch kann durch Krankheit oder durch Behinderung geistig verwirrt, hochgradig pflegeabhängig und in seinen sozialen Interaktionen mühsam sein, insgesamt also ein schwieriges Persönlichkeitsprofil aufweisen. Dies ändert nichts daran, dass diesem Patienten ebenso eine inhärente Würde eigen ist wie seiner gesunden, selbständigen, geistig hoch differenzierten und im menschlichen Umgang zuvorkommenden Nachbarin. Weder ein fortschreitender Zerfall der Persönlichkeit noch eine zunehmende körperliche Gebrechlichkeit beeinträchtigen die Würde und damit das Lebensrecht bzw. das Recht auf Lebensschutz eines Menschen in irgendeiner Weise. Unter dem Gesichtspunkt, dass jedem Menschen Würde innewohnt, muss darum der Aussage in der Motion von

---

67  Ebd., 64.

Nationalrat Victor RUFFY widersprochen werden, wonach es «unheilbare Krankheiten [gibt], welche mit fortschreitender Entwicklung die Würde des Menschen in schwerer Weise beeinträchtigen».[68]

Während bei einem Konzept, das die Menschenwürde in der Freiheit, Autonomie und Vernunft des Menschen begründet sieht, die immanente Würde behinderter oder dementer Patienten leicht in Frage gestellt werden kann,[69] ist aufgrund des theologischen Würdeverständnisses, das heisst im Sinne der relational verstandenen Gottebenbildlichkeit des Menschen, unbe-

---

68  S. o., 13.

69  Francis FUKUYAMA (2002) ist sich der Problematik eines derartigen Würdeverständnisses bewusst und will darum die Würde des Menschen in einem «Faktor X» begründet sehen (210), den er als die «Essenz des Humanen» bezeichnet (211). «Der Faktor X lässt sich weder auf die Möglichkeit freier sittlicher Entscheidungen noch auf Vernunft, Sprache, Soziabilität, Empfindungsvermögen, Gefühle, Bewusstsein oder irgendeine andere Eigenschaft reduzieren, die als Ursache der menschlichen Würde genannt worden ist. Wenn all diese Qualitäten in einem menschlichen Ganzen zusammenkommen, dann bilden sie in ihrer Gesamtheit den Faktor X» (239). Damit ist aber die Problematik einer Herleitung der Menschenwürde aus bestimmten, kontingenten menschlichen Fähigkeiten oder Qualitäten nicht wirklich gelöst, sondern eher noch verschärft, weil nun nicht nur *einzelne* Schlüsselfähigkeiten die Voraussetzung bilden für die Zuerkennung der Menschenwürde, sondern «*alle* diese Qualitäten in einem menschlichen Ganzen zusammenkommen müssen», was zum Beispiel bei vielen hochbetagten Demenzkranken oder anderen Behinderten kaum der Fall sein dürfte! Hierin ist Walter SCHWEIDLER (2001), 11, zuzustimmen: «Man kann das Unantastbare am Menschen *nicht in* einer oder *einem Ensemble* von Eigenschaften festmachen» (Hervorhebung H. R.).

43

dingt am Anspruch festzuhalten, «auch hinter der zerstörten Persönlichkeit die von Gott geliebte und bejahte Person und ihre unsichtbare, transzendente Personwürde zu sehen, sie anzuerkennen und den Menschen entsprechend dieser Würde als Mensch und Person zu achten und zu behandeln».[70]

Die hier diskutierte Problematik zeigt sich im Zusammenhang einer gesellschaftlichen Mentalität, die den Menschen immer mehr nach seinem Nutzen oder seiner Funktionalität beurteilt. Demgegenüber ist nun für das Würdeverständnis eine zweite Unterscheidung zu beachten, diejenige von *Wert* und *Nutzen*. Von der inhärenten Würde des Menschen reden heisst anerkennen, dass der Mensch ein Wert an sich ist, völlig unabhängig von seinem gesellschaftlichen Nutzen. Das, was die Würde der menschlichen Person ausmacht, liegt im Eigenwert ihres Seins, der einen unbedingten Anerkennungsanspruch impliziert. Wo daran nicht mehr festgehalten wird, sind die Folgen vor allem im Bereich der Langzeitpflege fatal. Wenn zum Beispiel als Folge eines gesundheitsökonomischen Kosten-Nutzen-Kalküls – das im Zusammenhang mit der Frage nach einer gerechten Verteilung der für das Gesundheitswesen zur Verfügung stehenden Ressourcen absolut legitim, ja notwendig ist – unversehens auch die Würde der in unserer Gesellschaft stetig wachsenden Zahl dementer und abgebauter alter Menschen nach dem Kriterium des Nutzens, der Leistung oder anderer (noch) vorhandener Fähigkeiten bemessen wird, sind die Folgen gravierend. Sie werden gesamtgesellschaftlich zu einem Verlust an Humanität führen.

---

70    Ulrich Eibach (1998), 65.

Ruth BAUMANN-HÖLZLE legt (unter anderem mit dem Hinweis auf die durch die Motion von Nationalrat Victor RUFFY entfachte neuere politische Diskussion um die Sterbehilfe) dar, dass sich in unserer Gesellschaft eine «Aufgabe des Würdeparadigmas [abzeichnet], welches der Welt und ihren Kreaturen Eigenwert und Würde unabhängig von ihren realen Fähigkeiten und Möglichkeiten zuspricht. Der Würdebegriff wird damit in sein Gegenteil verkehrt.» Demgegenüber manifestiere sich immer deutlicher – selbst in der Art, wie von der Würde des Menschen gesprochen werde – ein «funktionales Paradigma», das sich einseitig am funktionalen Nutzen orientiere.[71]

Doch nur wo die Würde des Menschen als inhärente Würde seiner Person verstanden und als Wert anerkannt bleibt, der unabhängig ist von Erwägungen der Nützlichkeit, ist sichergestellt, dass in unseren sozialen Beziehungen und in der Kultur unserer medizinischen und pflegerischen Einrichtungen die Achtung vor der Würde jedes Menschen erhalten bleibt. Dabei geht es um «eine Würde, die allem Abbau, aller Demenz, aller Inkontinenz und allem menschlichen Zerfall vorausliegt und von diesen Beeinträchtigungen der menschlichen Autonomie unangetastet bleibt und die kraftvoll Anspruch auf Solidarität der Gesellschaft mit allen Menschen erhebt».[72]

---

71  Ruth BAUMANN-HÖLZLE (2000a), 77 f.
72  Ebd., 81.

# 4 Der Mythos eines «würdigen Todes»

«In Würde sterben» möchten wir alle. Dass das «Sterben in Würde» heute so häufig thematisiert wird, weist jedoch darauf hin, dass die Realisierung dieses Wunsches nicht selbstverständlich ist. Und die Art, wie heute etwa vom Recht auf einen «würdigen» Tod (bzw. auf einen «eignen» Tod, wie es bei Rainer Maria RILKE heisst[73]) gesprochen wird, signalisiert einerseits eine neue Problematik im Zusammenhang mit dem Sterben unter den Bedingungen unserer modernen Gesellschaft und andererseits eine neue Einstellung zum Tod und zum Prozess des Sterbens. Darauf wollen wir etwas näher eingehen.

## 4.1 Das Autonomie-Ethos und das geforderte Recht auf den «eigenen Tod»

Dass der Tod nicht einfach als bedrohlicher Feind bekämpft oder als verhängtes Schicksal erduldet, sondern – gewissermassen als Rechtsanspruch – eingefordert wird, deutet auf eine «kopernikanische Wende in

---

73  Vgl. die kurze Strophe im Buch «Von der Armut und vom Tode», dem dritten Buch des «Stundenbuches» aus dem Jahre 1903: «O Herr, gieb jedem seinen eignen Tod. / Das Sterben, das aus jedem Leben geht, / darin er Liebe hatte, Sinn und Not» (Rainer Maria RILKE [1966], 103). Zur Interpretation vgl. Paul Michael ZULEHNER (2001), 7, 45 f.

der Einstellung zum Leben» und zum Sterben hin.[74] Sie zeigt sich etwa darin, dass in den frühen siebziger Jahren des letzten Jahrhunderts – nicht zuletzt unter dem Einfluss von Büchern der heute weltbekannten Sterbeforscherin Elisabeth KÜBLER-ROSS – eine eigentliche Bewegung entstanden ist, die sich bis in unsere Tage für ein humanes Sterben oder ein «Sterben in Würde» einsetzt.[75] Bereits 1976 fand die erste Weltkonferenz der «Right-to-Die-Societies» statt, die eine «Tokio-Erklärung» verabschiedete, in der unter anderem verlangt wird, dass jeder Mensch selber über sein Leben und seinen Tod entscheiden soll.[76] Das Neue und Besondere an dieser Entwicklung ist, dass das Sterben zunehmend als ein Prozess verstanden wird, den der Mensch in eigener Verantwortung zu gestalten, über den er nach Möglichkeit frei zu entscheiden und zu verfügen habe. Es ist ein Wandel festzustellen im Selbstverständnis des modernen Menschen, «der im Gefolge einer äusserst rasanten technischen Entwicklung immer mehr Determinanten seiner alltäglichen Lebenswelt nachhaltig verändert hat und sich nunmehr anschickt, auch die bis vor kurzem noch als unverrückbar erscheinende Grenze des Todes seinem autonomen Gestaltungswillen zu unterwerfen».[77] Für den modernen *homo faber* tritt der Tod aus dem Schatten eines verfügten Schicksals ins Licht eines selber zu verantwortenden «Machsals»,[78] das im Zeichen menschlicher Autonomie zu kontrollieren ist. Pointiert formuliert Daniel CALLAHAN:

---

74 Albin ESER (1995), 171.
75 Vgl. Daniel CALLAHAN (1998), 44 f.
76 Vgl. Hans KÜNG (1995), 47.
77 Franz-Josef BORMANN (2002), 29 f.
78 Vgl. Odilo MARQUARD (1981).

47

«Während der Tod seiner kollektiven Bedeutung beraubt wurde, wurde das Recht, die Umstände des Sterbens zu bestimmen, umso mehr hervorgehoben. Die Forderung nach Kontrolle und die Ablehnung eines Todes, wie er sich ereignet, wenn wir ihn unmanipuliert geschehen lassen, sind nicht nur stark, sie sind für viele eine Leidenschaft geworden. Das einzige Übel, das grösser scheint als der persönliche Tod, wird zunehmend der Verlust der Kontrolle über diesen Tod.»[79]

Aus dieser Sicht bekommt das Sterben gerade dadurch seine Würde, dass es unserer Kontrolle und unserer autonomen Verfügungsmacht unterworfen ist. «Sterben in Würde» heisst dann selbstbestimmt sterben, das Sterben nicht als ein Widerfahrnis erdulden, es nicht an sich bzw. mit sich geschehen lassen. Diese Haltung ist klassisch zusammengefasst im Diktum von Joseph FLETCHER: «Death control, like birth control, is a matter of human dignity. Without it persons become puppets.»[80]

Diese Einforderung des Rechts auf einen «eigenen», «würdigen», «selbstbestimmten» Tod steht bezeichnenderweise im Kontext einer gesellschaftlichen Entwicklung, welche die Verdrängung des Todes aus dem öffentlichen Bewusstsein eher fördert[81] und das Ster-

79  Daniel CALLAHAN (1998), 43.
80  Joseph FLETCHER (1969), 69. Auf Deutsch: «Die Kontrolle über den Tod ist wie die Geburtenkontrolle eine Sache menschlicher Würde. Ohne sie werden Personen zu Marionetten.» Ähnlich das Diktum von Louis ARAGON: «Le plus beau cadeau que la vie nous offre, c'est la possibilité d'en sortir quand bon nous semble» (zit. in François Mottu [2002], 132).
81  Vgl. Eberhard SCHOCKENHOFF (1991), 13–26, 43 f., der darauf hinweist, dass diese Verdrängung des Todes aus dem Bewusstsein der Lebenden ein relativ junges Phänomen ist (24) und notwendigerweise mit dem gesellschaftlichen Aufbau der modernen Lebenswelt einhergeht (44).

ben zu einem individuellen, persönlichen Schicksal macht, das sich meist in der Absonderung spezialisierter klinischer oder pflegerischer Institutionen vollzieht. Gerade diese Individualisierung und Privatisierung des Todes – die dadurch verstärkt wird, dass moderne, pluralistische Gesellschaften keinen gemeinsamen Horizont der Sinndeutung für Leben und Tod mehr zur Verfügung stellen können und diese Aufgabe deshalb dem Einzelnen überlassen müssen – dürfte dazu beitragen, dass Menschen selbst im Angesicht des Todes autonom über ihr Leben verfügen und dadurch ihre Würde zur Geltung bringen möchten.

Gewiss, dieses Streben nach Autonomie und Kontrolle zeichnet unsere westliche Gesellschaft bereits seit Jahrzehnten aus. In jüngster Zeit hat es sich jedoch verschärft und «in den letzten Jahren fast die Qualität einer Besessenheit angenommen».[82] Dazu beigetragen hat nicht zuletzt die rasante Entwicklung der modernen Medizin, die es erlaubt, den Tod immer weiter hinauszuschieben.[83] Angesichts solcher Errungenschaften «ist

---

82  Daniel CALLAHAN (1998), 18. Auch die neuere gemeinsame Erklärung des Schweizer Berufsverbandes der Krankenschwestern und Krankenpfleger (SBK) und der Verbindung der Schweizer Ärztinnen und Ärzte (FMH) zur Pflege und Behandlung in der Endphase des Lebens stellt fest: «Die Menschen interessieren sich zunehmend für ihre Lebensqualität, ihr Recht auf Unabhängigkeit, Entscheidungsfreiheit und Kontrolle über Ereignisse, die ihr Leben prägen. Der Tod ist davon nicht ausgeschlossen» (255).

83  Diese medizinischen Fortschritte sind der wesentlichste Grund für das moderne Phänomen der Langlebigkeit. Zutiefst paradox ist allerdings, dass «parallel zur allgemeinen Zunahme der Lebenserwartung im zwanzigsten Jahrhundert eine zunehmende Entwertung und Geringschätzung des Alters zu verzeichnen [ist]» (Alex SCHWANK [2001], 12).

es sicherlich unausweichlich, auch das Sterben des Menschen aus der Hand der Natur immer stärker in die bewusste Entscheidung technischer Intervention ‹herüber zu holen›. [...] Der Mensch *muss* heute im Blick auf den Tod in anderer Weise Entscheidungen treffen, als es zu Zeiten einer weniger weit entwickelten Medizintechnik der Fall war.»[84]

Diese Möglichkeiten moderner medizinischer Technik werden einerseits als Segen empfunden, andererseits lösen sie bei vielen Menschen die tief greifende Angst davor aus, am Ende ihres Lebens nicht sterben zu können, auch wenn sie es möchten, sondern künstlich am Leben, das heisst am biologischen Überleben, gehalten zu werden.[85] Mit dem Ruf nach dem Recht auf den eigenen Tod werden deshalb Voraussetzungen für ein Sterben gefordert, unter denen der Sterbende nicht zum blossen Objekt einer hochgerüsteten Intensivmedizin degradiert wird, sondern selber bestimmen kann, wann er auf lebensverlängernde Massnahmen verzichten und dem Tod entgegengehen will und welche Begleitung, welche äusseren Bedingungen er sich für seine letzte Wegstrecke wünscht.[86]

---

84  Josef RÖMELT (2002), 4, 13.
85  Ulrich H. J. KÖRTNER (1996), 13: «Das Schreckensbild unserer Tage ist der komatöse Patient, der an Apparaturen und Schläuchen auf der Intensivstation dahinvegetiert.» Vgl. auch die bei Josef RÖMELT (2002), 6 f., aufgeführten «Paradoxien», in die Menschen durch die Möglichkeiten heutiger Medizin geraten können.
86  Zum Begriff des «eigenen Todes» vgl. Eberhard SCHOCKENHOFF (1991), 10: «Der Gedanke des eigenen Todes, wie er sich in der Literatur des 20. Jahrhunderts entwickelt, meint zunächst nicht den künstlich herbeigeführten Tod, sondern den persönlichen Tod, den der einzelne am Ende

Die Forderung, angesichts heutiger medizinischer Möglichkeiten dem Prinzip der Patientenautonomie die ihm gebührende Beachtung zu schenken und Sterbenden den Verzicht auf weitere Therapien zuzugestehen, ist – zumindest im Grundsatz – kaum bestritten. Passive Sterbehilfe, ja selbst indirekte Sterbehilfe, das heisst eine Schmerzbekämpfung, die das Risiko einer Lebensverkürzung impliziert, ist heute nicht nur erlaubt, sie gehört geradezu zum Standard einer *good clinical practice*. Die gängige Rede vom «Recht auf den eigenen Tod» halte ich jedoch in doppelter Hinsicht für problematisch.

Problematisch ist zunächst, dass die Würde des Sterbens mit der autonomen Entscheidung des Sterbenden verknüpft wird, wann und wie er sterben will – als entbehre es der Würde, wenn ein Mensch seinen Tod dann annimmt und in der Gestalt, in der er ihm als Geschick entgegentritt![87] Durch diese Überbewertung des noch im Sterben autonom handelnden und bestimmenden

---

seiner natürlich verfügten Lebensspanne in seiner individuellen Umgebung sterben darf. Der Begriff des ‹eigenen› Todes ist ursprünglich ein kritischer Gegenbegriff zu dem ‹anonymen› Krankenhaustod, mit dem sich später die Polemik gegen die moderne ‹Apparatemedizin› verbindet. Er wird aber auch in positiver Abgrenzung verwandt, um die Idee eines umfassenden menschlichen Sterbebeistandes zu umschreiben. [...] In diesem gegenwartskritischen Sinn gebraucht die neuere Sozialgeschichtsschreibung das Wort vom ‹eigenen› Tod, den die Menschen vergangener Epochen gestorben sind.»

87 Dieses heute weit verbreitete Verständnis des Sterbens steht dem der Stoa nahe, die davon ausging, «dass der Mensch das Sterben, den Tod nicht in Passivität erleiden, sondern ihn in eine Tat der Freiheit umgestalten soll, dass das Sterben ihn auf keinen Fall der Freiheit berauben soll. [...] Stoisch gesehen wird das blosse Erleiden des Todes für untermenschlich, ent-

Menschen wird der Blick auf die Bedeutung der inhärenten Menschenwürde verstellt, deren humanisieren-
des Potenzial gerade davon entlastet, Würde aufgrund
einer bestimmten Qualität des (autonomen) Handelns
zu beweisen. Hier ist Daniel CALLAHAN zuzustimmen: «Es gibt keine zwingende Korrelation zwischen
einer Kontrolle über den eigenen Tod und der Würde
dieses Sterbens.»[88] Umgekehrt können wir die Be-
fürchtung nicht von der Hand weisen: «Wenn die Gesellschaft mehrheitlich die Ausübung der Autonomie
als Voraussetzung der Würde versteht, [...] dann ent-
steht ein furchtbarer Druck auf todkranke Menschen.
Bis jetzt wurde das Akzeptieren des Sterbeprozesses
[...] als etwas Würdiges angesehen. Das darf sich nicht
ändern.»[89] Gewinnt nämlich die Vorstellung vom autonomen, selbst verantworteten Sterben in unserer Gesellschaft normative Kraft, müssen alle, die ihr Sterben
erleiden, damit rechnen, dass ihnen etwas von ihrer
Würde abgesprochen wird.

Ebenso problematisch ist die Rede vom «Recht auf
den eigenen Tod», weil sie die Unfähigkeit bezeugt,
menschliches Leben gerade in den ganz elementaren

---

würdigend und tierisch gehalten» (Ulrich EIBACH [1998],
80).

88  Daniel CALLAHAN (1998), 155.

89  Noémi D. DE STOUTZ (2000), 40. Den zitierten Äusserungen
folgt der wichtige Nachsatz: «Auch andere Haltungen Sterbender, Auflehnung, Ungläubigkeit, Verdrängung, können
durchaus würdig sein.» – Ursula STRECKEISEN (1992), 5, 7,
weist darauf hin, dass sich in jüngster Zeit gleichsam «Nor-
men für ein ‹gutes› Sterben» herausgebildet haben, die insofern ambivalent sind, als sie die Sterbenden in ihrem Sterben
unterstützen, ihnen aber auch neue Zwänge auferlegen können.

Vollzügen als etwas wahrzunehmen, was über alles eigene Planen, Entscheiden, Machen und Kontrollieren hinausgeht. Ulrich H. J. KÖRTNER gibt zu bedenken, dass das menschliche Dasein «vor aller Aktivität, aber nicht minder in allem Tätigsein durch eine eigentümliche Grundpassivität gekennzeichnet [ist]. ‹Es gibt eine Passivität, ohne die der Mensch nicht menschlich wäre. Dazu gehört, dass man geboren wird. Dazu gehört, dass man geliebt wird. Dazu gehört, dass man stirbt.›»[90] Diese Passivität, die angemessener als *Rezeptivität* zu bezeichnen ist, gehört zur grundlegenden Struktur des Humanum. Menschsein, das danach strebt, seiner Bestimmung zu entsprechen, und gerade deshalb expressive, kontingente Würde realisiert, wird die Grenzen der eigenen Autonomie, die Erfahrung der Abhängigkeit und das Angewiesensein auf andere annehmen, positiv werten und in den eigenen Lebensentwurf integrieren.

Wie einseitig und oberflächlich das gängige Menschenverständnis unserer Zeit ist, lassen die ungewohnt anmutenden Sätze von Daniel CALLAHAN erkennen:

«Das Ziel, stets unabhängig zu sein, [kann] nur für begrenzte Zeit erreicht werden. Früher oder später, für längere oder kürzere Zeit, werden wir von anderen abhängig sein. Zumindest begleitet uns dieses Risiko immer, ist ein unentrinnbarer Teil unseres Lebens. Warum betrachten wir diese Tatsache als Desaster für uns Menschen, als etwas, das um jeden Preis aus den Bedingungen des Menschseins verbannt werden muss?» «Es ist ein ganz schwerwiegender Irrtum zu glauben, dass unser Wert als Person sinkt, weil Abhängigkeit unser Teil sein wird, so als ob sie uns *notwendigerweise* eine Grundbedingung unseres Selbst rauben wür-

---

90 Ulrich H. J. KÖRTNER (1996), 54 (Zitat von Eberhard JÜNGEL).

de. Das tut sie nicht. Es liegt eine wertvolle und selbstverständliche Anmut in der Fähigkeit, von anderen abhängig zu sein, offen zu sein für ihre Besorgtheit, bereit zu sein, sich an ihre Stärke und ihre Fürsorge anzulehnen. Ein Selbst lebt in der ständigen Spannung zwischen Abhängigkeit und Unabhängigkeit. Beide sind ein Teil von uns. Die Unabhängigkeit mag uns ein besseres Gefühl geben, sie schmeichelt uns stärker. Trotzdem bleibt sie nur die halbe Wahrheit unseres Lebens.»[91]

Das Sterben ist weit gehend aus der Öffentlichkeit verdrängt worden. Unter einem Gesichtspunkt allerdings kann es in unserer Gesellschaft mit einem breiten Interesse rechnen: nämlich unter dem Gesichtspunkt des Erlebnisses. Gunda SCHNEIDER-FLUME spricht von einem Trend zum «Erlebnis Sterben»[92]: Sterben wird geplant und gemacht, inszeniert und dokumentiert.[93] Die *ars moriendi*, die Kunst, gut zu sterben, wandelt sich von einer Bereitung *zum* Sterben zu einer Bereitung *des* Sterbens unter dem Vorzeichen der eigenen Handlungsautonomie. Der Drang, unbedingt einen «eigenen», «selbstbestimmten», «würdigen» Tod zu sterben, kann unmerklich zum Zwang einer neuen «Ästhetik des letzten Augenblicks»[94] verkommen. Ein solches «Erlebnis Sterben» wird der Achtung vor der Menschenwürde längerfristig wohl eher abträglich als zuträglich sein.

Doch was heisst «würdig sterben» überhaupt?

91  Daniel CALLAHAN (1998), 174, 176.
92  Gunda SCHNEIDER-FLUME (1998), 365.
93  Vgl. etwa Peter NOLL (1987) und Maxie WANDER (1980).
94  Sherwin B. NULAND (1994), 384.

## 4.2 Das fragwürdige Ideal eines «würdigen Todes»

Wer sich ein «würdiges» Sterben wünscht, meint in der Regel ein Sterben ohne allzu grosse Schmerzen, bei einigermassen klarem Geist und ungetrübtem Bewusstsein. Dieses Sterben soll begleitet sein von Menschen, die einem lieb sind und die ihre Zuwendung einfühlsam vermitteln können. Meist wünscht man sich ein friedliches Entschlafen oder ein kurzes, bewusstes Zugehen auf den Tod, in dessen Spanne man seine Angelegenheiten regeln und sich von seinen Mitmenschen verabschieden kann. Menschen, die «würdig» sterben möchten, wünschen sich, dass ihrem Sterben keine lange Periode der Demenz und des Kontrollverlustes über den eigenen Körper vorangeht und dass sie nicht lange Zeit in umfassender Pflegeabhängigkeit ans Bett gefesselt sind.[95] Schliesslich verbinden viele von ihnen mit der Vorstellung eines «würdigen» Sterbens die Erwartung, dass man sie, hat der Sterbeprozess einmal begonnen, in Ruhe sterben lässt und keinen – weiteren – Reanimations- und Therapieversuchen aussetzt. Was damit gemeint ist, ist eigentlich eher als «friedliches Sterben»[96]

---

95  Der amerikanische Bundesstaat Oregon hat 1997 in einem «Death with Dignity Act» aktive Sterbehilfe durch Ärztinnen und Ärzte bei unheilbar kranken Patientinnen und Patienten erlaubt. Seither wird jährlich über die entsprechende Praxis und die sterbewilligen Patienten Bericht erstattet. Der Fourth Annual Report on Oregon's Death with Dignity Act für das Jahr 2001 nennt in der folgenden Reihenfolge die wichtigsten Gründe, die Patientinnen und Patienten für ihren Wunsch zu sterben geltend machten: Autonomieverlust (94%); schwindende Fähigkeit, an Aktivitäten teilzunehmen, die Freude bereiten (76%); Verlust der Kontrolle über Körperfunktionen (53%). Vgl. www.ohd.hr.state.or.us/chs/pas/arresult.htm.

denn als «würdiges» Sterben zu bezeichnen. Ein solcher Tod ist allen zu wünschen. Doch häufig erfüllt sich dieser Wunsch nicht.

Sherwin B. NULAND, der als Arzt und Medizinhistoriker ein viel beachtetes Buch darüber geschrieben hat, wie man ganz konkret an verschiedenen Krankheiten stirbt, stellt nüchtern fest: «Im grossen und ganzen ist das Sterben mühsam. [...] Und selbst diejenigen, die in beispiellosem Frieden von uns gehen, haben oft Tage und Wochen seelischer und körperlicher Qualen hinter sich.»[97] Im Zusammenhang mit dem grossen Wunschtraum eines guten Todes bzw. eines Sterbens in Würde meint NULAND: «Der gute Tod wird immer mehr zum Mythos. Das war er für die meisten Sterbenden zwar schon immer, doch heute mehr denn je. Der wichtigste Bestandteil dieses Mythos ist das Ideal eines ‹würdigen Todes›.»[98] NULANDs ganzes Buch ist ein einziger Versuch, dieses Ideal eines «würdigen Sterbens» zu entmythologisieren. Der Autor bekennt: «Ich habe nur sel-

---

96  So die Bezeichnung bei Daniel CALLAHAN (1998), 64f. Karin WILKENING und Roland KUNZ (2003), 226, sprechen vom «guten Sterben». Gemeint ist die Art des Sterbens, die die Antike als *euthanasia* bezeichnete. Zur Begriffsgeschichte vgl. Eberhard SCHOCKENHOFF (1991) 50–55: «Das griechische Wort ‹Euthanasie› meint in seiner ursprünglichen Bedeutung, in der es seit dem 5. Jahrhundert vor Christus belegt ist, einen ‹guten›, ‹sanften› und ‹schönen› Tod. Darunter verstanden die Menschen der Antike in erster Linie ein leichtes und schmerzfreies Sterben, wie es *Sueton* exemplarisch vom Tod des *Augustus* beschrieben hat. [...] Das Ideal des schmerzfreien Todes meint aber [...] nur die erhoffte Todesart, nicht aber seine bewusste Herbeiführung oder Beschleunigung durch den Menschen» (50).

97  Sherwin B. NULAND (1994), 217.

98  Ebd., 17.

ten Würde beim Sterben erlebt. Das Bemühen um Würde scheitert, wenn der Körper uns im Stich lässt.»[99] Natürlich gibt es auch andere Wahrnehmungen, etwa jene von Daniel CALLAHAN, der Studien erwähnt, die bestätigen, «dass schon jetzt die meisten Menschen einen einigermassen würdigen Tod sterben. [...] Für die grosse Mehrheit ist das letzte Lebensjahr tolerabel.»[100] Davon abgesehen, dass in allen diesen Zitaten nicht geklärt ist, was unter «Würde» verstanden wird,[101] scheint mir viel dafür zu sprechen, die Rede von der Würde im Zusammenhang mit dem Sterben – wie NULAND dies empfiehlt – radikal zu entmythologisieren. Ja ich bin der Auffassung, *man täte gut daran, im Zusammenhang mit dem Sterben eines Sterbenden überhaupt nicht mehr von Würde zu sprechen, weil der Begriff falsche Konnotationen hervorruft, weil er die realen Vorgänge des Sterbens beschönigen[102] oder Leidende unter einen unbarmherzigen Erwartungsdruck setzen kann und weil er die medizin- und pflegeethisch relevante Bedeutung der inhärenten Menschenwürde eher verwischt.*

---

99 Ebd., 18. Ähnlich argumentiert die Geriaterin Regula SCHMITT-MANNHART (2000), 264–266: «Sterben ist nicht schön und harmonisch, sondern ein Hin- und Hergerissensein von Angst, Hoffnung, Verzweiflung, Fragen, Trost, Leiden, Frieden. [...] Wir müssen lernen, uns einzugestehen, [...] dass wir unser vorgefertigtes Bild vom ‹würdigen Sterben› nicht verwirklichen können. Es ist eine Illusion zu meinen, dass wir ein Sterben ohne Belastung, ein ‹stressfreies› Sterben [...] erzwingen können!»

100 Daniel CALLAHAN (1998), 22.

101 Es ist anzunehmen, dass die kontingente Würde gemeint ist.

102 Ähnlich argumentiert Johannes FISCHER (1996), 122: «Die Rede vom humanen Sterben kann [...] leicht zur Beschönigung werden.»

Will man im Zusammenhang mit dem Sterben dennoch von Würde sprechen, scheint mir dies vor allem dann sinnvoll, wenn danach gefragt wird, wie Menschen aus dem Umfeld des Sterbenden – Angehörige und Betreuende – diesen auf dem letzten Wegstück seines Lebens würdig begleiten können, sodass die «Sterbehilfe» zur *Sterbebegleitung* wird. «Würdig» ist hier im kontingenten Sinne zu verstehen und meint einen sterbenden Menschen auf eine Weise begleiten, die zum Ausdruck bringt, dass er von den ihn Umgebenden zutiefst als wertvolle, mit einer unverlierbaren inhärenten Würde ausgestattete Person wahrgenommen und respektiert wird.

Im Zusammenhang mit dem Sterben eines einzelnen Sterbenden sollte jede Begrifflichkeit vermieden werden, die suggerieren könnte, ein gutes und friedliches, ein «würdiges» Sterben sei ein für jedermann erreichbares und deshalb von allen anzustrebendes Ziel. Ulrich EIBACH hat Recht, wenn er zu bedenken gibt, dass die Auswirkungen eines solchen ethischen Postulats verheerend wären:

«Dieses Postulat stellt das Sterben unter einen enormen Leistungsdruck, macht es vor allem für den Betroffenen selbst, aber auch für seine Angehörigen, das Pflegepersonal, Ärzte, Seelsorger und andere mit dem Sterben befasste Berufsgruppen noch belastender, als es ohnehin schon ist. [...] [Dies] bringt letztendlich mit [der] fiktiven Forderung nach [...] einem Sterben ‹in Würde› geradezu das Gegenteil, das ‹unwürdige› Sterben, das ‹lebensunwerte› Sterben erst recht als Begriff und als Vorstellung hervor, sodass der amerikanische Ethiker Paul Ramsey nicht zu Unrecht über *The Indignity of ‹Death with Dignitiy› (Die Unwürdigkeit der Forderung nach einem würdigen Tod)* geschrieben hat.»[103]

## 4.3 Zur Humanität und zur Würde der Leidenden

Bis dahin habe ich es für unangebracht gehalten, den Sterbeprozess mit der fragwürdigen moralischen Forderung zu belasten, der Sterbende habe ihn «würdig» zu meistern oder, wenn er glaubt, diesem Anspruch nicht gerecht werden zu können, zumindest «selbstbestimmt», das heisst vorzeitig, aus dem Leben zu scheiden. Sterben ist schwierig genug. Es soll nicht zusätzlich mit dem Anspruch kontingenter Würde behaftet sein. Und erst recht muss der Sterbende durch die Art, wie er sein Sterben durchlebt, nicht irgendeine Würde erringen oder eine solche unter Beweis stellen. *Wie das* Personsein *eines Menschen auch durch starke Beeinträchtigungen seiner Persönlichkeit nicht in Frage gestellt ist, wie der* Wert *eines Menschen auch bei weit gehendem Schwinden seiner Fähigkeiten und seines funktionalen, gesellschaftlichen Nutzens nicht verloren geht, so ist auch die*

---

103 Ulrich EIBACH (1998), 103. In diesem Zusammenhang ist auch der Hinweis von Josef RÖMELT (2002), 10 f., zu bedenken, «dass gerade sensible Patienten die Belastung, die sie selbst in ihrer körperlichen Zerbrechlichkeit für Menschen in ihrem Umkreis darstellen, als Grund empfinden, der Alternative nach aktiver Euthanasie zuzustimmen. Wird der Kranke [nämlich] mit seiner Entscheidung zur Schlüsselfigur, ist er ‹lebenslogisch› gesehen auch verantwortlich für alle Lasten, die er mit seiner Krankheit sich selbst und anderen abverlangt.» RÖMELT erkennt in dieser «Individualisierungslogik» zugleich einen Ausdruck «fortschreitender Entsolidarisierung» der Gesellschaft. – Nachdenklich macht einen die Aussage des deutschen Bundespräsidenten Johannes Rau: «Wo das Weiterleben nur eine von zwei legalen Optionen ist, wird jeder rechenschaftspflichtig, der anderen die Last seines Weiterlebens aufbürdet» (in: Karin WILKENING und Roland KUNZ [2003], 43).

*inhärente* Würde *eines Sterbenden durch einen schreck-lichen, qualvollen Sterbeprozess nicht in Mitleidenschaft ge-zogen.*

Ebenso entschieden muss aber der heute weit ver-breiteten Vorstellung widersprochen werden, Leiden an sich sei entwürdigend, sei eines Menschen unwür-dig und deshalb unmenschlich. Wir müssen uns von der Ansicht befreien, Leiden und Würde stünden in grösserer Spannung zueinander als etwa Gesundheit und Würde oder Glück und Würde. Oft wird ange-nommen, Leiden sei entwürdigend, weil es sinnlos sei.[104] Nun ist es aber nicht möglich, angesichts eines konkreten Leidens theoretisch über die Sinnhaftigkeit dieses Leidens zu befinden – weder von aussen gese-hen noch aus der Sicht des Leidenden selbst, der viel-leicht im Rückblick einmal erahnen kann, inwiefern sich ein bestimmtes Leiden als «sinnvoll» erwiesen hat. Im Übrigen verhält es sich mit Erfahrungen des Glücks oder des Erfolgs ja nicht grundsätzlich anders. Oder ist uns etwa in der Mehrheit der Glücksfälle klar, welches ihr Sinn sei? Wohl kaum.

Es muss indes festgehalten werden, dass Leiden zu-tiefst zum menschlichen Leben gehört. Es ist ein Aspekt der *conditio humana*, ohne die das Menschsein nicht denkbar ist. Franz BÖCKLE schreibt: «Das Wort vom sinnlosen Leiden ist ein gefährliches Wort. Es spiegelt einen sehr oberflächlichen Standpunkt wider. [...] Die Fähigkeit zu leiden gehört zum Menschsein. Ein Leben ohne Leiden ist beinahe so unmenschlich

---

104 Vgl. die Aussage der Expertenkommission des Bundes zur Sterbehilfe, die «Menschen von einem Leben erlöst, das nur-mehr aus sinnlosem Leiden besteht» (Sterbehilfe, 35).

wie ein Leben ohne Freuden.»[105] Wenn das Leben überhaupt einen Sinn haben soll, so kann dieser nicht ohne
die Erfahrung von Leid postuliert werden.[106] Insofern
unser Leben *wesenhaft* fragmentarisch und unvollkom-
men ist, dürfen wir annehmen, dass auch das Leiden zu
einem sinnerfüllten Leben gehört.[107]

Einer alten Weisheit der Menschheitsgeschichte und
einer Erkenntnis heutiger Psychologie entspricht es,
dass Leidenserfahrungen massgeblich sowohl die
persönliche als auch die kollektive Entwicklung prägen
und vorantreiben. Prägnant formuliert der Psychiater
Klaus DÖRNER: «Es gehört zur Wahrheit des Menschen, dass er durch Leiden und leidend geboren wird
und dass er nur durch das Leiden zu seinen entscheidenden Entwicklungs- und Reifungsschritten
kommt.»[108] Davon ist der Prozess nicht ausgenommen,
in dem jemand sein Sterben erleidet – selbst wenn ihm
die Sinnhaftigkeit dieser Leidenserfahrung nicht einsichtig ist.[109]

---

105  Franz BÖCKLE (1979), 11.
106  In seinem Diskussionsbeitrag anlässlich der *Zweiten Weltver-*
     *sammlung zur Frage des Alterns* (2002) hält das Bundesamt für
     Sozialversicherung allerdings fest: «Die Einsicht, dass
     Schwäche, Gebrechlichkeit und schliesslich auch Sterben
     und Tod zum Leben gehören, ist in einer auf Effizienz und
     Geschwindigkeit, materielles Wachstum und Erfolg pro-
     grammierten Gesellschaft weitgehend tabuisiert» (50).
107  Vgl. Ulrich H. J. KÖRTNER (1999), 201.
108  Klaus DÖRNER (1991), 41.
109  Auch wenn ich seine grundsätzliche ethische Ablehnung der
     aktiven Sterbehilfe nicht teilen kann, scheint mir die Über-
     legung Franz-Josef BORMANNs (2002) 35 f., bedenkenswert:
     «Wie für alle anderen Lebens- und Reifungskrisen, so gilt
     auch für die Begegnung des Menschen mit seinem Tod, dass
     nicht die Haltung der Verdrängung und Verweigerung, son-

Die Sinnhaftigkeit eines Geschehens ist ohnehin nicht nur aus dem Lebenskontext *eines* Individuums erschliessbar, sondern ergibt sich auch aus dem, was dieses Geschehen für das grössere Ganze bedeutet, an dem der Einzelne teilhat. Davon ist auch Matthias METTNER überzeugt, der zur Sinnfrage in der Pflege und Begleitung schwer kranker und sterbender Menschen Folgendes festhält: «Ich glaube, dass diese Menschen uns die Würde menschlicher Bedürftigkeit zeigen. Der Kern des Lebenssinnes ist, dass wir mit allen Sinnen begreifen, dass und wie wir aufeinander angewiesen, voneinander abhängig sind, wie wir einander brauchen, nötig haben. Häufig lernen wir dies erst schmerzhaft, wenn wir am eigenen Leib erkranken oder ein uns nahe stehender Mensch erkrankt.»[110]

dern nur die Annahme sowie das Ringen mit Herausforderungen und Problemen schliesslich zum Wachsen und Reifen der individuellen Persönlichkeit führt. Nur wer sich auf diesen mühevollen Weg auch und gerade im Angesicht des Todes einlässt, der hat die Chance, seinen Lebensweg in der Annahme des Todes zu vollenden. Während die Tötung auf Verlangen als Symptom einer strukturellen Todesverdrängung letztlich eine zur vermeintlich nüchternen Freiheitstat stilisierte Ausflucht vor der Lebensaufgabe des Sterbens, ja den gewaltsamen Abbruch einer noch unvollendeten Biographie darstellt, bietet die Anerkennung der Grenze des natürlichen Todes zwar nicht schon die Garantie, wohl aber die unverzichtbare Voraussetzung dafür, dass der schwerkranke Patient die letzte Lebensspanne als persönlichen Weg zu seinem ‹eigenen Tod› erleben und gestalten kann.»

110 Matthias METTNER (2000), 210. Vgl. auch Johannes FISCHER (1996), 125, der auf «die in der christlichen Überlieferung verwurzelte Einsicht [hinweist], dass da, wo Menschen gemeinsam dem Leben standhalten, ein Stück elementarer Humanität verwirklicht wird».

Doch wir tun gut daran, in diesem Zusammenhang nicht allzu viel und allzu Konkretes zu sagen. Dennoch darf das Leiden nicht durch eine voreilige Sinngebung verharmlost werden.[111] Es soll aber auch nicht allzu leichtfertig für sinnlos gehalten und dadurch entwertet werden, nur weil sein Sinn nicht erkennbar ist. Und schliesslich soll ein Sterben, das sich unter schwerem Leiden vollzieht, nicht für würdelos oder entwürdigend erklärt werden. Ich denke, Gunda SCHNEIDER-FLUME trifft Wesentliches, wenn sie vermutet: «Es könnte sein, dass der Begriff der Würde nicht angemessen zur Sprache bringen kann, was es mit der Menschlichkeit der Leidenden und derer, die auf ihr Sterben warten, auf sich hat, oder dass der Begriff Würde ganz neu gefasst werden muss, wenn man nicht Leidenden, an der Todesbedrohung leidenden Menschen ihre Würde absprechen will.»[112]

---

111 Hier ist der Gedanke der Schweizerischen Nationalkommission Justitia et Pax zu beherzigen: «Auf die [...] Fragen nach dem möglichen Sinn des Leidens und – daraus erwachsend – schliesslich auch nach dem Sinn des ganzen Lebens angesichts des Leidens gibt es keine theoretischen Antworten. Ohne Zweifel kann die Perspektive auf die in den biblischen Schriften verheissene Neuschöpfung Mut und Kraft verleihen, schwierige Lebenssituationen anzunehmen und nicht zu resignieren. Damit jedoch ist der Radikalität der Frage nach dem möglichen Sinn des Leidens auch aus christlicher Perspektive die Spitze nicht genommen» (Machbares Leben? [1998], 109).

112 Gunda SCHNEIDER-FLUME (1998), 367. Es geht wohl weniger darum, den Begriff der Würde neu zu fassen, als vielmehr darum, ihn angemessen zu differenzieren.

# 5 Relevanz und Grenze des Würdebegriffs in der Diskussion um die Sterbehilfe

Was trägt nun der Würdebegriff zur Diskussion um die Sterbehilfe bei? Wie kann er als legitimes Argument ins Spiel gebracht werden? So viel vorweg: Er taugt nicht zur Entscheidung der Frage, ob eine Liberalisierung der aktiven Sterbehilfe ethisch zu verantworten sei oder nicht. Insofern hat der Bundesrat Recht, wenn er in seinem Bericht zum Postulat von Nationalrat Victor RUFFY darauf hinweist, dass die Forderung, die Menschenwürde zu wahren, noch nicht kläre, was in einer konkreten Notsituation zulässig sei und was nicht.[113] Im Folgenden sollen deshalb die beiden Würdebegriffe im Hinblick auf ihre Verwendbarkeit in der heutigen Diskussion um die Sterbehilfe nochmals kurz reflektiert werden.

## 5.1 Der Begriff der inhärenten Würde als Argument für die aktive Sterbehilfe

Das Konzept der inhärenten Menschenwürde geht davon aus, dass jedem Menschen mit seinem Sein eine Personwürde gegeben ist, die er niemals verlieren kann. Es ist ethisch unbestritten, dass aufgrund dieser Würde und als deren wesentlicher Aspekt das Recht auf Autonomie und auf Freiheit zur Selbstbestimmung

---

113  Vgl. Bericht, 9 (s. o. 19f.).

besteht. Differenzen ergeben sich erst in der Frage, wie diese Autonomie gegebenenfalls zu begrenzen sei.

Wer – wie dies beispielsweise Hans KÜNG tut – für die Zulässigkeit der aktiven Sterbehilfe (und selbstverständlich ebenso des Suizids und der Suizidbeihilfe) votiert, kann etwa folgendermassen argumentieren:[114] Die Würde des Menschen begründet und impliziert seine Autonomie. Der Mensch ist frei, über sein Leben zu bestimmen und – zumal das Sterben ein Teil des Lebens ist – auch über sein Sterben und über den Zeitpunkt seines Todes. Theologisch gesprochen ist das Leben zugleich göttliche Gabe und menschliche Aufgabe. Insofern ist es in unsere eigene Verfügung gestellt – «eine Autonomie, die in Theonomie gründet.»[115] Wenn schon der Anfang des Menschenlebens, seine Zeugung, in die freie Verantwortung des Menschen gestellt ist,

«wäre es da nicht konsequent anzunehmen, dass auch das *Ende des Menschenlebens* mehr als bisher in die Verantwortung des Menschen gelegt ist von demselben Gott, der nun einmal nicht will, dass wir ihm eine Verantwortung zuschieben, die wir selber tragen können und tragen sollen? Mit der Freiheit hat Gott dem Menschen auch das Recht zur *vollen* Selbstbestimmung gegeben.»[116] Und weiter: Gott «*hat gerade auch dem sterbenden Menschen die Verantwortung und Gewissensentscheidung für Art und Zeitpunkt seines Todes überlassen.* [...] Wenn das ganze Leben von Gott in die Verantwortung eines Menschen gestellt ist, dann gilt diese Ver-

---

114 Da ich die Verwendung des Würdearguments für eine Position, welche die Zulässigkeit der aktiven Sterbehilfe bejaht, nur *exemplarisch* – also keineswegs umfassend-systematisch – darstellen möchte, beschränke ich mich in diesem Zusammenhang auf die Argumentation von Hans KÜNG (1995), 47 ff.

115 Ebd., 53.

116 Ebd., 59 f. (letzte Hervorhebung H. R.).

antwortung auch für die letzte Phase seines Lebens, ja sie gilt erst recht für den eigentlichen Ernstfall seines Lebens: wenn es ans Sterben geht.»[117]

Ist aber das Leben selbst, gerade wenn man seine inhärente Würde ernst nimmt, nicht der letzten menschlichen Verfügung entzogen, weil ihm ein unendlicher Wert eignet? Nein, argumentiert Hans KÜNG: «Das Recht auf Weiterleben ist keine Pflicht zum Weiterleben, das *Lebensrecht kein Lebenszwang.*»[118] Erscheint es moralisch zulässig, dass die Entscheidung über die Art und den Zeitpunkt des Todes in der Verfügung des Menschen steht, weshalb sollte dann in einer extremen Notsituation nicht auch die aktive Sterbehilfe bejaht werden können, wenn sie auf die inständige Bitte eines Leidenden hin erfolgt?

So kann der Hinweis auf die inhärente Würde des Menschen grundsätzlich als Argument *für* die Zulässigkeit aktiver Sterbehilfe verstanden werden. Natürlich stellen sich aufgrund dieser hier nur skizzierten Argumentation zahlreiche ethische Fragen. Näher zu klären wäre zum Beispiel, unter welchen Bedingungen und nach welchen Kriterien der Entschluss, zu sterben bzw. einem Sterbewilligen zum Tode zu verhelfen, als moralisch legitim gelten kann. Die Notwendigkeit einer solchen Klärung stellt die Möglichkeit jedoch nicht in Frage, aus dem Konzept der inhärenten Menschenwürde auf ein Argument *für* die Legitimität aktiver Sterbehilfe zu schliessen.

Zu bedenken ist in diesem Zusammenhang allerdings, dass der Sterbewille eines schwer kranken Men-

---

117 Ebd., 71 f.
118 Ebd., 62.

schen streng genommen nicht mit der Verletzung der kontingenten Würde begründet werden dürfte (was leider häufig geschieht): Ein von grosser Hinfälligkeit, von Schmerzen und vom Verlust des Lebenswillens geprägter Sterbeprozess mag für den Sterbewilligen unsäglich qualvoll sein – «unwürdig» ist er deswegen noch lange nicht, nur so mühselig und unerträglich, dass der Betroffene nicht mehr weiterleben will. Und das ist etwas anderes (vgl. Kapitel 5.3)!

## 5.2 Der Begriff der inhärenten Würde als Argument gegen die aktive Sterbehilfe

Grundsätzlich kann das Argument der inhärenten Menschenwürde aber auch zu einem anderen Schluss führen, wenn die aus ihm abgeleitete Autonomie anders gedeutet wird.

So argumentiert Ruth BAUMANN-HÖLZLE etwa mit dem Verweis auf zwei völlig unterschiedliche Wahrnehmungen der Welt:

«Dem *funktionalen Paradigma* gegenüber steht *dasjenige der Würde*, welches das Handeln an dem dem Menschen Vorgegebenen orientiert, indem es dem Vorgegebenen einen Eigenwert zugesteht. [...] Während der funktionale Ansatz der Welt seine Handlungskonzepte überstülpt, werden beim Würdeparadigma die Handlungen von dem her entworfen, was dem Menschen vorgegeben ist. Während beim funktionalen Paradigma die Autonomie des Menschen absolut gedacht wird, wird sie beim Würdekonzept durch den Eigenwert der Welt begrenzt gesehen und als gebundene interpretiert.»[119]

---

119 Ruth BAUMANN-HÖLZLE (2000a), 77f. (Hervorhebungen H. R.).

Folgen wir diesem Verständnis der Autonomie, ist diese insofern gebunden, als sie durch den Eigenwert des Vorgegebenen, des physischen Lebens beispielsweise, begrenzt ist. Der Respekt vor diesem Eigenwert gebietet dessen Schutz, sodass Formen der aktiven Sterbehilfe oder sonstige auf die vorzeitige Beendigung des Lebens zielende Handlungen unzulässig sind, weil durch sie der auf der inhärenten Würde beruhende Wert des Lebens in Frage gestellt wird.

Theologisch verwandt mit dieser Argumentation vom Eigenwert der vorgegebenen Welt ist Ulrich EIBACHS Hinweis auf das, was für den Menschen «schöpfungsgemäss» ist. «Schöpfungsgemäss» bedeutet hier, dass der Tod des Menschen «nicht seine Tat oder die Tat anderer Menschen ist und dass er im Altern und Sterben die Entmächtigung seiner Persönlichkeit erleidet und zunehmend auf die Hilfe anderer angewiesen ist, dass über ihn ‹verfügt› wird».[120] Dieses Autonomieverständnis geht ebenfalls hervor aus einer inhaltlichen Bestimmung der inhärenten Würde,[121] wonach es dem Menschen grundsätzlich versagt ist, über sein Leben zu verfügen und aktive Sterbehilfe zu beanspruchen.

Die in Kapitel 5.1 und in Kapitel 5.2 ausgeführten Argumentationen halte ich beide für nachvollziehbar und logisch, auch wenn sie die Frage nach der Zulässigkeit aktiver Sterbehilfe kontrovers beantworten.[122] Die Fra-

---

120 Ulrich EIBACH (1998), 83.

121 Ulrich EIBACH spricht von einer «Dialektik ermöglichender Fremdverfügung [über den Menschen, H.R.] und ermöglichter Selbstverfügung [über den Menschen, H.R.] als theologisch konstitutiver Signatur des Menschseins» (82).

122 Göran COLLSTE (2002), 167, betont zu Recht: «For two persons, both defending a principle of human dignity, it is pos-

ge, ob die aktive Sterbehilfe legitim sei, kann nur geklärt werden, wenn der vom Würdeanspruch abgeleitete Begriff der Autonomie definiert ist.

Der Unterschied zwischen den beiden Argumentationen scheint mir angesichts der gegenwärtigen Sterbehilfe-Debatte gar nicht so bedeutsam, wie oft behauptet wird. In der Frage der Liberalisierung aktiver Sterbehilfe geht es meines Erachtens um eine Klugheitsabwägung, in der mit guten ethischen Gründen unterschiedliche Meinungen vertreten werden können, wobei in den auf bundespolitischer Ebene diskutierten Vorlagen ohnehin nicht die *Legalisierung* der aktiven Sterbehilfe angestrebt wird, sondern allein die Aufhebung der *Strafverfolgung* im Zusammenhang mit aktiver Sterbehilfe. Entscheidend scheint mir, dass beide Positionen mit dem Begriff der *inhärenten* Würde argumentieren. In dieser Hinsicht unterscheiden sie sich deutlich von der heutigen Diskussion, die sich auch im bundespolitischen Zusammenhang auf den Begriff der *kontingenten* Würde bezieht.

## 5.3 Der Begriff der kontingenten *Würde als generelle Orientierungsrichtlinie im Umgang mit Sterbenden*

Wer mit dem Begriff der kontingenten Würde argumentiert, optiert in der Regel für die Zulässigkeit der aktiven Sterbehilfe, um «entwürdigende» Lebens- und Sterbenssituationen auf eine «würdige» Weise zu been-

---

sible to come to very different positions in practical ethics, due to different opinions concerning other matters» (vgl. auch 20 f., 173).

den oder sie gar nicht entstehen zu lassen. Im Sinne des Leitsatzes *agere cum dignitate*[123] wird dem für seine Situation letztlich selbst verantwortlichen, nun aber leidenden und sterbenden Menschen die Last auferlegt, durch sein Handeln Würde zu bewahren.[124] Dies hat zur Folge, dass das Leben von Menschen, die körperlich oder geistig abgebaut sind, an Schmerzen leiden und täglich von der Hilfe anderer abhängig sind, als würdelos klassifiziert wird – wenn (noch) nicht explizit, so doch (bereits) implizit. *Darin sehe ich das gravierendste Problem hinsichtlich der gängigen Argumentation mit dem Begriff der kontingenten Würde in der gegenwärtigen Diskussion um die aktive Sterbehilfe!* Setzt sich diese Argumentationsweise gesellschaftlich durch, wird sie sich normativ auswirken und von vielen – meist unbewusst, doch deshalb nicht weniger wirksam – internalisiert werden. So werden sich gerade die schwächsten,

---

123 Walter JENS (1995), 217, meint: «*Agere cum dignitate:* Die Formel sollte im Leben gelten, aber auch im Hinblick auf ein menschenwürdiges Sterben.»

124 Diese Gefahr erkenne ich selbst bei Eberhard SCHOCKEN-HOFF (1991), 47: «Was einen Tod ‹würdig› oder ‹unwürdig› macht, sind nicht in erster Linie seine äusseren Ursachen oder Umstände. [...] Es ist vielmehr die innere Einstellung des Sterbenden, die Haltung, in der er seinem Tod entgegentritt, durch die er selbst seine Würde als Mensch auch in der Situation äusserer Hinfälligkeit bewahrt.» Hier bleibt Würde kontingent, etwas vom Sterbenden zu Leistendes, zu Bewahrendes, von dessen Verlust er bedroht ist! Ähnlich verhält es sich mit der Aussage der Palliativmedizinerin Noémi D. DE STOUTZ (2000), 39, «dass Würde [auch] unter entwürdigenden Umständen möglich ist. Würde ist von äusseren Bedingungen relativ unabhängig.» Inhärente Würde ist aber nicht *relativ*, sondern ganz und gar unabhängig von äusseren Bedingungen!

verletzlichsten Glieder der Gesellschaft in zunehmendem Masse selber als entwürdigt wahrnehmen. Die Vorstellung ist erschreckend, dass sich die Argumentation mit dem Begriff der kontingenten Würde auch auf die Mentalität der Pflegenden in Spitälern und Pflegeheimen auswirken könnte, an die die Gesellschaft die schwierige Aufgabe delegiert hat, jene «würdevoll» zu pflegen und zu begleiten, die in den Augen der Öffentlichkeit ein «unwürdiges» Leben leben![125]

Aus diesem Grunde scheint es mir wichtig, in der Diskussion um die Sterbehilfe klar zu unterscheiden zwischen inhärenter und kontingenter Würde und die unverlierbare inhärente Würde jedes Behinderten, Kranken und Sterbenden auch in schwierigsten Situationen wieder ins Zentrum zu rücken. *Besonders wichtig scheint mir allerdings, die Sterbenden selbst von der ausgesprochenen oder unausgesprochenen Erwartung zu entlasten, sie hätten ihren Sterbeprozess möglichst würdig zu gestalten und als autonom Handelnde die Verantwortung zu tragen für den möglicherweise beschwerlichen, sie selbst und ihre Umgebung belastenden Verlauf ihres Sterbens.*[126] Und

---

125 Die Geriaterin Regula SCHMITT-MANNHART (2000), 261, schreibt: Das Leben eines Pflegeheimbewohners «scheint offenbar für viele von vornherein kein würdiges Leben mehr zu sein. Wie schnell wird doch ein von andern abhängiges Leben, ein Leben, dessen Nutzen nicht sichtbar ist, ein Leben, das Aussenstehenden sinnlos erscheint, als unwert, eine baldige Beendigung deshalb als würdevolles Sterben erklärt. Diese Meinung ist in unserer Gesellschaft immer mehr verbreitet. Ist das Würde?»

126 Otfried HÖFFE (2002) verweist in diesem Zusammenhang auf Kant und erinnert daran, dass «die Würde des Menschen eine Innen- und eine Aussenperspektive, besser: eine personale und eine soziale Seite hat. Die Menschenwürde ist so-

schliesslich scheint es mir wichtig, in unserer Gesellschaft ein Bild von der Würde leidender, auf Hilfe angewiesener, sterbender Menschen lebendig zu erhalten bzw. ins Bewusstsein zurückzurufen, das es Pflegenden erleichtert, ein von der Gesellschaft gestütztes und honoriertes professionelles Selbstwertgefühl aufzubauen.

Wurde die gängige Argumentation mit dem Begriff der kontingenten Würde in der Diskussion um die Sterbehilfe bisher scharf kritisiert, weil sie die Lebens- und Leidenssituation von schwer kranken und sterbenden Menschen entwertet, so scheint mir der Begriff dann sachgemäss und legitim, wenn von einem angemessenen, respektvollen *Umgang mit sterbenden Menschen* gesprochen wird. Nicht von einem «würdigen» Sterben sei also die Rede, sondern davon, wie einem Sterbenden zu begegnen ist, dass ihm verbal und nonverbal die Achtung entgegengebracht wird, die ihm als Person mit einer unverlierbaren Würde zusteht. Im letzten Kapitel sollen deshalb Anregungen skizziert werden für einen – im kontingenten Sinne – würdevollen Umgang mit sterbenden Menschen.[127]

---

wohl eine Pflicht gegen sich als auch eine Pflicht gegen andere» (131). Die Pflicht, auch sich selbst gegenüber würdig und verantwortungsvoll zu handeln, ist zweifellos ernst zu nehmen. Sie sollte aber nicht im Sinne des stoischen Ideals gedeutet werden, Leiden tapfer zu ertragen oder ihm selbstbestimmt ein vorzeitiges Ende zu setzen. Leiden zu ertragen oder einen Todeskampf zu bestehen ist schwer genug. Es wäre unbarmherzig und inhuman, den Sterbenden zusätzlich durch die moralische Forderung eines «würdigen» Sterbens zu belasten.

127 Die folgenden Hinweise sind sehr allgemein gehalten. Dabei sollte bedacht werden, worauf Martin HONECKER (1990),

# 6 Auf dem Weg zu einer menschenwürdigen Kultur im Umgang mit Sterben und Tod

Paul-Werner SCHREINER und Klaus GAHL haben darauf hingewiesen, dass «menschenwürdiges Sterben in den Institutionen des Gesundheitsversorgungssystems nur auf der Basis einer *neuen gesellschaftlichen Kultur des Umgehens mit Sterben und Tod* möglich sein wird».[128] Denn es kann nicht erwartet werden, dass Spitäler und Heime in der Lage sind, stellvertretend den Verlust an lebenspraktischen Traditionen und die entsprechende Hilflosigkeit im Umgang mit dem Sterben zu kompensieren, die sich in den Familien und in der Gesellschaft im Laufe der letzten Jahrzehnte ergeben haben. Wir richten unser Augenmerk deshalb auf drei Ebenen, die für eine *Kultur im Umgang mit Sterben und Tod*[129] von Bedeutung sind: auf die Gesellschaft, auf die Medizin, auf die Begleitung von Angehörigen und Freunden.

---

195, zu Recht Wert legt: «Was Menschenwürde, menschenwürdig meint, ist nicht vorweg definiert, sondern kann jeweils nur ermittelt werden mit Hilfe der Vernunft unter Beteiligung der Betroffenen.» Ähnlich die jüngste gemeinsame Erklärung des Schweizer Berufsverbandes der Krankenschwestern und Krankenpfleger (SBK) und der Verbindung der Schweizer Ärztinnen und Ärzte (FMH): «Einzig das Individuum kann seine Vorstellung von Würde im Leben und im Tod definieren. Ziel der Palliativpflege ist, dass jeder Mensch entsprechend *seiner* Würde sterben kann» (Pflege und Behandlung, 257).

128 Paul-Werner SCHREINER / Klaus GAHL (1995), 89.
129 Vgl. Heinz RÜEGGER (2002), 13–15.

## 6.1 Gesellschaft

Sterben ist ein Thema, das in unserer Gesellschaft nach wie vor verdrängt wird – individuell und kollektiv. Eberhard SCHOCKENHOFF hält es für

> «ein wesentliches Merkmal des abendländischen Zivilisationsprozesses, das der immanenten Entwicklungslogik moderner Gesellschaften entspricht, dass sie den Tod zunehmend hinter die Kulissen des gesellschaftlichen Lebens verlagern und soweit aus dem öffentlichen Gesellschaftsleben aussondern, dass er geradezu zu einem ‹weissen Fleck auf der sozialen Landkarte› (Norbert Elias) wird».[130]

Sterben und Tod nehmen wir heute zwar täglich und in hohen Dosen durch die Medien wahr. Doch die wenigsten von uns haben noch persönliche Erfahrungen in der Begleitung eines Sterbenden.[131] Dafür gibt es in unseren Tagen spezialisierte Institutionen.[132] Angesichts dieser Situation gelangt Philippe ARIÈS am

---

130 Eberhard SCHOCKENHOFF (1991), 25.

131 Ursula STRECKEISEN (2002), 4, gibt zu bedenken: «Das war nicht immer so, sondern ist ein Kennzeichen der modernen Gesellschaft. Ein Mensch in der vormodernen Gesellschaft hatte mit 35 Jahren in der Regel mehrere Seuchen überlebt und eine Reihe von Geschwistern, Freunden oder Altersgenossen sterben sehen. Seither ist das Sterben im Leben eines Menschen jedoch zu einem seltenen Ereignis geworden. Wer aber nur selten mit dem Tod von Mitmenschen konfrontiert ist, kann kaum Fähigkeiten entwickeln, welche die Verarbeitung dieser Erfahrung erleichtern.» Dies betont auch Arthur E. IMHOF (1991), 165: «Wir ertragen es nicht mehr, beim Sterben eines Menschen dabei zu sein. Wir haben es nie gelernt, nie gesehen, noch nie mitgemacht, obwohl wir inzwischen vielleicht selbst schon vierzig, fünfzig, sechzig Jahre alt sind. Unser erstes Sterben kann heute somit leicht das eigene sein.»

Schluss seiner monumentalen Studie über die Geschichte des Todes zur Überzeugung, die Frage sei
nicht nur, wie wir heute würdig sterben könnten, sondern auch, wie wir die Würde des Sterbens wieder anerkennen lernten: «Was in Frage steht, ist die Würde
des Todes. Diese Würde fordert zunächst einmal, dass
er anerkannt wird, und zwar nicht nur als wirklicher
Zustand, sondern als entscheidendes Ereignis, das nicht
in aller Heimlichkeit beiseitegeschoben werden
darf.»[133] Den Tod wieder anerkennen hiesse der Auseinandersetzung mit seinen unterschiedlichen Formen

132 Ursula STRECKEISEN spricht vom gesellschaftlichen Prozess
einer «Entfamiliarisierung», «Institutionalisierung» und «Ex-
pertisierung» im Umgang mit dem Sterben. Im Jahre 1986 star-
ben in der Schweiz 17 % der Sterbenden in einem Alters- bzw.
Pflegeheim, 55 % in einem Spital (Ursula STRECKEISEN
[2002], 4 f., 7). Wichtig ist in diesem Zusammenhang der Hinweis von Karin WILKENING und Roland KUNZ (2003), 119:
«Es geht nicht an, dass Altenheime als Entsorgungseinrichtun-
gen der Gesellschaft immer mehr mit Tod und Sterben zu tun
haben, dass [sie] aber diese wichtige Aufgabe sozusagen unter
Ausschluss der Öffentlichkeit möglichst ohne ‹Belästigung›
des Umfelds [als ein] ‹sozialverträgliches Frühableben› orga-
nisieren. Daher ist eine Öffnung des Hauses und eine Einbezie-
hung des Umfelds [...] Teil einer Enttabuisierung von Tod und
Sterben, die das Altenpflegeheim [zu einem] Kompetenzzen-
trum der Gemeinde zu Fragen von Tod und Sterben macht.»
133 Philippe ARIÈS (1997), 755. Arthur F. IMHOF (1991), 166 f.,
äussert sich prägnant über unseren Zwiespalt im Umgang
mit dem Sterben und dem Tod: «Unser Ende ist nicht nur unausweichlich; es gehört nicht nur *dazu,* sondern Sterben und
Tod sind auch das Selbstverständlichste auf der Welt und
ganz *natürlich* in des Wortes eigentlichstem Sinn. [...] Unser
Dilemma rührt daher, dass wir diese Natur in uns leugnen
wollen. [...] Der schöne Schein von Dutzenden quasi garan-
tierten ‹besten Jahren› pervertiert die Lüge vom ‹ewigen› Leben zur Wahrheit auf Zeit. Das Dilemma wird so über Jahre

nicht ausweichen, sondern ihr Raum geben. Es hiesse auch, den Tod weder aus den öffentlichen Lebenszusammenhängen verbannen noch seine realen Erscheinungsformen durch einen Mythos vom würdigen Tod verklären. Die Aufgabe besteht darin, den Tod wieder ins tägliche Leben hineinzunehmen. Das ist heute zweifellos schwieriger als früher, da sich das Sterben im häuslichen Bereich abspielte und als öffentliches Ereignis begangen wurde.[134] Zu einer solchen Integration des Todes in das Leben können Kirchen, Schulen, Medien, die Erwachsenenbildung, aber auch kulturelle Veranstaltungen wie etwa die im Jahre 1999 durchgeführte Ausstellung *Last minute* im Stapferhaus Lenzburg[135] einen wichtigen Beitrag leisten.

Im Mittelalter gab es eine eigene Literatur, die der persönlichen Vorbereitung aufs Sterben diente *(ars moriendi)*. Wohl können wir sie nicht einfach in unsere Zeit übernehmen. Doch wir können die Einsicht neu entdecken und ernst nehmen, dass die Art, wie wir sterben, mit der Art zusammenhängt, wie wir leben – und umgekehrt. Für Hans KÜNG ist *der* Umgang mit dem Sterben menschenwürdig, der das «Sterben nicht einfach als Endphase des Lebens versteh[t], mit dem man sich dann auseinandersetzt, wenn der Tod unabweisbar vor

---

aufgebaut, erhält immer neue Nahrung und frisst sich in uns fest.»

134 Arthur E. IMHOF (1991), 28, weist in seinem historischen Rückblick darauf hin, dass «es nie eine ‹gute alte Zeit des leichten Sterbens› gab. Nur eines hatten uns die damaligen Menschen voraus, allerdings etwas Entscheidendes. Sterben und Tod gehörten zum Alltag und bildeten einen selbstverständlichen Teil des Lebens. Sie gehörten dazu und waren noch nicht Fremdkörper am Ende langer Lebensläufe.»

135 Vgl. Last minute (1999).

der Türe steht. Vielmehr [geht es darum], das *Sterben als Dimension des Lebens* [zu] begreifen, die alle Phasen und alle Entscheidungen des Lebens mitbestimmt.»[136] So wird aus der *ars moriendi* eine *ars vivendi*.[137]

Einer, der sich in jüngerer Zeit immer wieder der Bedeutung einer *ars moriendi* gewidmet hat, ist der Historiker Arthur E. IMHOF, dessen Votum zu bekräftigen ist:

«Unsere Vorfahren waren im 15. Jahrhundert der Ansicht, dass Sterben eine Kunst sei. Damit sich jeder zu Lebzeiten diese Kunst aneignen konnte, gab es ein Lehrbüchlein dafür. Sein Titel lautete ‹Ars moriendi›. Dies meint auf deutsch ‹Die Kunst des guten Sterbens›. Sterben ist seit damals nicht leichter geworden. Doch eine Anleitung gibt es heute nicht mehr.» Wohl gibt es viele Publikationen über den Tod. «Vor lauter ausuferndem Schreiben und endlosem Reden haben wir jedoch die simple und doch so schwere Kunst unserer Vorfahren, *selbst* zu sterben, verlernt. [...] Es scheint an der Zeit, etwas von jener alten Kunst zurückzugewinnen.»[138]

## 6.2 Medizin

Auch Ärztinnen und Ärzten fällt es nicht leicht, die Würde des Sterbens wahrzunehmen.[139] Gewissen Untersuchungen zufolge ist unter Ärzten sogar eine beson-

---

136 Hans KÜNG (1995), 17.
137 Schön sagt es Eberhard SCHOCKENHOFF (1991), 115: «Im Angesicht des Todes lebt nicht, wer immer an ihn denkt, bis er darüber krank und lebensunfähig wird, sondern wer bereits jetzt von dem lebt, was auch im Tod noch Bestand hat.»
138 Arthur E. IMHOF (1991), 18.
139 Ursula STRECKEISEN (2002), 4, meint: «Wenn es Sterbende zu betreuen gilt, verlässt das Spitalpersonal seine stärkste Arbeitsmotivation, die Motivation nämlich, zur Gesundung anderer Menschen beizutragen. Vor allem beim Arzt/der

ders ausgeprägte Angst vor dem Sterben anzutreffen![140] Frank NAGER beklagt die auch heute noch vielerorts vorherrschende «Todesverdrängung moderner Heiltechniker».[141] Dabei gehört die Sterbebegleitung zu den ureigensten Aufgaben der Medizin,[142] welche sie angesichts ihrer gewaltigen Errungenschaften und hoch technischen, primär kurativ ausgerichteten Möglichkeiten in der jüngsten Vergangenheit leider vernachlässigte. Will die Medizin künftig jedoch wesentlich zu einem erträglichen, menschenwürdigen Sterben beitragen, obliegt ihr insbesondere die dezidierte Förderung *palliativer* Konzepte.[143]

---

Ärztin löst der Tod eines Patienten Selbstvorwürfe und Schuldgefühle aus, die das Geschehnis als Niederlage erleben lassen.»

140 Darauf weist Sherwin B. NULAND (1994), 379, hin. Als Erklärung für dieses Phänomen fügt er an, Ärztinnen und Ärzte wählten ihren Beruf häufig deshalb, weil sie in der Fähigkeit zu heilen ein machtvolles Mittel suchten, dem von ihnen besonders gefürchteten Tod zu begegnen.

141 Frank NAGER (2000), 151: «Für die Mediziner des naturwissenschaftlich-technischen Zeitalters ist der Tod ein *factum brutum*, dem sie den unerbittlichen Kampf ansagen. Als *factum numinosum* und als das eigene unausweichliche Schicksal wird er – ganz im Einklang mit der allgemeinen gesellschaftlichen Tendenz – gerne ausgeblendet» (149).

142 Dies bestätigt etwa der Hastings-Report «Die Ziele der Medizin – neue Prioritäten setzen» aus dem Jahre 1996, der zu den Aufgaben der Medizin auch «das Streben nach einem friedvollen Tod» zählt (dokumentiert in: Werner STAUFFACHER und Johannes BIRCHER [2002], 324–389, dort 327).

143 Diese Empfehlung enthalten sowohl der Bericht der Expertenkommission des Eidgenössischen Justiz- und Polizeidepartementes (EJPD) zur Sterbehilfe als auch der Bericht des Bundesrates zum Postulat von Nationalrat Victor RUFFY sowie die jüngste gemeinsame Erklärung des Schweizer

Dazu gehören unter anderem alle Massnahmen der Schmerzbekämpfung[144] und der Sedierung, die heute – sofern die Patientin oder der Patient dies wünscht – auch Massnahmen im Bereich der so genannten *indirekten Sterbehilfe*[145] umfassen, wobei die psychischen, die sozialen und die spirituellen Aspekte der Pflege dieselbe sorgfältige Beachtung verdienen wie die körperlichen Belange des Patienten.

Inwiefern die aktive Sterbehilfe, das heisst die Tötung aus Mitleid auf Verlangen des Patienten, moralisch zulässig und praktisch wünschbar ist und zu einem menschenwürdigen Sterben beitragen soll, ist heute ethisch wie politisch Gegenstand einer kontroversen Debatte. Dass der blosse Verweis auf die Menschenwürde diese Kontroverse nicht zu klären vermag, dass es vielmehr von der Deutung der zu dieser Würde gehörenden Autonomie abhängt, ob die aktive Sterbehilfe für zulässig gehalten wird oder nicht, wurde bereits in Kapitel 5 ausgeführt.

---

Berufsverbandes der Krankenschwestern und Krankenpfleger (SBK) und der Verbindung der Schweizer Ärztinnen und Ärzte (FMH). Zur Bedeutung der Palliativen Medizin und Pflege vgl. Friedrich STIEFEL (2003), 141–147, sowie METTNER, Matthias / SCHMITT-MANNHART, Regula (2003), 357–435.

144 Gemäss Karin WILKENING und Roland KUNZ (2003), 35 f., hat «weit über die Hälfte aller in Pflegeheimen lebenden alten Menschen Schmerzen, und Demenzkranke werden nach zahlreichen Untersuchungen konsequent mit Schmerzmedikamenten unterversorgt».

145 Die indirekte Sterbehilfe umfasst Massnahmen der Schmerzbekämpfung, die eine – nicht direkt beabsichtigte – lebensverkürzende Nebenwirkung haben können.

Unbestritten ist dagegen, dass die *passive Sterbehilfe*, das heisst der Verzicht auf lebensverlängernde Massnahmen, welche vom Patienten nicht mehr gewünscht sind, nicht nur rechtlich erlaubt, sondern medizinethisch geradezu geboten ist, da es die Würde und die Autonomie eines Menschen verletzt, wenn er gegen seinen Willen weiterbehandelt wird. Daniel CALLAHAN ist der Überzeugung, es sei «ein Irrtum zu glauben, dass wir Leben mit einem maximalen technischen Aufwand erhalten und gleichzeitig einen friedlichen Tod erwarten können».[146]

CALLAHANS Überlegung zur Frage nach dem Sinn lebensverlängernder Massnahmen halte ich vor dem Hintergrund des für unsere Gesellschaft typischen Trends zur Langlebigkeit für besonders bedenkenswert. Die meisten Menschen sterben einmal an einer Krankheit. Viele Krankheiten (etwa Pneumonien), die ohne Behandlung normalerweise innert kurzer Zeit zum Tode führen, können heute selbst bei hochbetagten, an diversen anderen Gebrechen leidenden Menschen wieder geheilt werden. Dabei ist nicht auszuschliessen, dass die spätere Krankheit, die schliesslich den Tod zur Folge haben wird, eine schwerere Leidenszeit mit sich bringen wird als die akute. So schreibt CALLAHAN:

«Anstatt zu denken, [...] dass *dieser* Tod *jetzt* besser sein kann als ein anderer späterer Tod, ist es die moderne Art, immer den späteren, anderen Tod zu bevorzugen. [...] Ein hinausgeschobenes Übel ist immer die bessere Wahl im Vergleich zu dem in der Ge-

---

146 Daniel CALLAHAN (1998), 110f. Und weiter: «Der Sterbeprozess wird gestört, wenn er der Gewalttätigkeit einer technologischen Verlängerung unterliegt» (235).

genwart angenommenen Übel.» Demgegenüber sollte vielmehr «bei jeder schweren Erkrankung – ganz besonders bei alten Menschen – die Frage gestellt und die Möglichkeit geprüft werden: Kann diese Erkrankung die tödliche sein oder – weil irgendeine Krankheit die tödliche sein muss – sollte man ihr bald *erlauben*, tödlich zu sein? Wenn ja, sollte ihr gegenüber umgehend eine andere Strategie ins Spiel kommen, das Bemühen um einen friedlichen Tod sollte wichtiger werden als der Kampf um eine Heilung.»[147]

## 6.3 Persönliche Begleitung und Pflege

Neben der medizinischen Betreuung trägt die psychosoziale Begleitung Sterbender am meisten zu einem humanen, der inhärenten Würde eines Menschen angemessenen Sterben bei.[148] Es leuchtet ein: «Die unwürdigste Art zu sterben ist das Von-allen-verlassen-Sein!»[149] Sterben Menschen ausserhalb ihres familiären Kontextes, was heute fast die Regel ist, gilt es, alles daran zu setzen, dass sie in der Sterbephase nicht sich selbst überlassen sind, sondern die nötige menschliche Zuwendung erfahren. Diese Aufgabe kann nicht vom Spital- oder Heimpersonal allein erfüllt werden, das da-

---

147 Ebd., 243, 232.
148 Für Paul M. ZULEHNER (2001), 37, ist die Priorität eindeutig: «Was Sterbende vorab brauchen, ist nicht eine optimale medizinische Versorgung – eine solche auch –, sondern ist Liebe: in der Gestalt der stillen Anwesenheit, der behutsamen Zuwendung. Drei Viertel der Menschen in unserem Land wollen laut Umfragen ‹daheim sterben›. Das meint mehr als das Zuhause, die gewohnten vier Wände. ‹Daheim› – das sind die Menschen, mit denen jemand vertraut wurde ein Leben lang, die ihm Zuneigung und Nähe geben können.»
149 Regula SCHMITT-MANNHART (2000), 268.

mit hoffnungslos überfordert wäre – besonders in Zeiten der Personalknappheit.[150] Ärzteschaft, Pflege, Spital- und Heimseelsorge, Angehörige, Bekannte und freiwillige Patientenbegleiterinnen und -begleiter[151] – sie alle sind mitverantwortlich dafür, dass Sterbende in das Beziehungsnetz eingebunden bleiben, von dem sie sich bereits in gesunden Tagen getragen wussten. Eine

---

150 Die gemeinsame Erklärung des Schweizer Berufsverbandes der Krankenschwestern und Krankenpfleger (SBK) und der Verbindung der Schweizer Ärztinnen und Ärzte (FMH) weist realistisch darauf hin, dass «der Mangel an qualifiziertem Personal und die ständige Überlastung zur Folge [haben], dass Pflegende und Ärztinnen/Ärzte sich von einem wesentlichen Teil ihrer Aufgabe bei Sterbenden entfernen» und nicht in der Lage sind, das Mass an Sterbebegleitung zu leisten, das wünschbar ist (Pflege und Behandlung, 255). Ursula LEHR, Gerontologin und ehemalige deutsche Gesundheitsministerin, weist auf Untersuchungen hin, die ergeben haben, dass «in manchen Krankenhäusern ein Schwerkranker oder Sterbender längst, bevor er gestorben ist, so behandelt wird, als wäre er tot. Um sein Zimmer machen Ärzte, Pflegepersonal und Seelsorger einen grossen Bogen. [...] Ohnehin [...] erfährt der muntere Kranke mehr Zuwendung als der matte, der sie viel nötiger hat» ([1997], 54f.). Darin stimmt auch Dietrich RITSCHL (1986), 295, überein: «Wenn es wahr ist, dass der Tod der Verlust von Gemeinschaft ist, dann lassen wir viele Sterbende schon vor ihrem Tod sterben. Weil wir unsere eigenen Trennungsängste nicht verarbeitet haben, neigen wir alle dazu, [...] die Sterbenden schon vor dem Eintreten ihres Todes aus der Gemeinschaft mit uns zu verdrängen. Sie erleben darum ihren Tod schon, bevor er eintritt.»

151 Interessant ist der Hinweis von Karin WILKENING und Roland KUNZ (2003), 159: «Im Gegensatz zu hauptamtlichen Mitarbeitern, die häufig einen Bogen um das Sterbezimmer machen, um den Tod nicht mitzuerleben, wollen Ehrenamtliche meist genau diesen Moment nicht versäumen.»

der Voraussetzungen dafür, dass dies gelingt, liegt darin, dass Menschen, die Sterbende betreuen und begleiten, ihrerseits bereit sind, sich auf ihre Sterblichkeit und ihren bevorstehenden Tod einzulassen. Denn «nicht zuletzt ist es die Angst vor dem eigenen Sterben, die hindert, ohne Angst an der Seite der Sterbenden auszuhalten».[152]

Zur persönlichen Zuwendung gehören auch Zeit und Ruhe, damit der Sterbende – soweit er es will – Dinge im Gespräch klären, seine irdischen Angelegenheiten regeln und Abschied nehmen kann. In diesem Zusammenhang sind auch die Seelsorgedienste eines Spitals oder Heims von Bedeutung, nicht zuletzt, weil Seelsorgende sich in der Regel mehr Zeit nehmen können als Ärztinnen und Pflegende, wobei die seelsorgerliche Qualität einer Gesprächsbeziehung keineswegs auf das Angebot der Spitalpfarrerinnen und Heimpfarrer beschränkt sein muss.[153]

Entscheidend wird bleiben, ob es gelingt, einem sterbenden, einem leidenden, einem vielleicht verwirrten und umfassend auf Hilfe angewiesenen Menschen so zu begegnen, dass er sich «trotz allem» in seiner Personwürde wahrgenommen und geachtet fühlt. Doch nur, wer über ein differenziertes Würdeverständnis verfügt, vermag einen Patienten auf seine unverlierbare, imma-

---

152 Paul M. ZULEHNER (2001), 38.
153 Vgl. Ulrich KNELLWOLF (1998). Unter den Ärztinnen und Ärzten gehört Frank NAGER zu denen, die sich unermüdlich dafür eingesetzt haben, dass «manche Ärztinnen und Ärzte gelernt haben, neben den pathophysiologischen Aspekten des Sterbens auch die spirituelle Dimension zu beherzigen und die [früher] noch übliche Verbannung des Religiösen aus der Medizin aufzuheben» ([2000], 161).

nente Würde hin anzusehen und zu behandeln. Auch wenn sie nicht mehr ansprechbar sind,[154] spüren sterbende Menschen, von welchem Würdeverständnis die Haltung ihrer Bezugspersonen geprägt ist. Deshalb ist das Bewusstsein für einen differenzierten Würdebegriff zu schaffen und aufrechtzuerhalten: «Der Mensch ist und bleibt ein Würdewesen, und dies, wie immer auch sein Körper entstellt [sein mag] oder seine Psyche unangepasst reagiert. Wer um die Würde weiss, hat auch unbedingte Ehrfurcht vor der menschlichen Person, und dies immer, unter allen Umständen und bis zuletzt.»[155]

---

154 Diese Redeweise ist ungenau und problematisch: Die betreffenden Patienten sind sehr wohl ansprechbar und nehmen in der Regel wesentlich mehr wahr, als wir vermuten. Sie sind lediglich nicht in der Lage, in der gleichen Sprache zu antworten. So ist es angemessen, auch «unansprechbare» Patienten mit ihrem Namen anzureden.

155 Liliane JUCHLI (1994), 25. Dies betont auch das Bundesamt für Sozialversicherung in seinem Diskussionsbeitrag anlässlich der *Zweiten Weltversammlung zur Frage des Alterns* (2002), 50: «Die Wertschätzung der menschlichen Würde darf nicht davon abhängig gemacht werden, ob ein Mensch krank, hilflos oder verwirrt ist. Im Grunde genommen ist das eine Selbstverständlichkeit, die keiner weiteren Erklärung bedarf: Wer als Mensch geboren wurde, hat Anspruch auf bedingungslose Anerkennung seiner Würde.» Der Hinweis darauf, dies sei «im Grunde genommen» selbstverständlich, lässt etwas von dem erahnen, was in der vorliegenden Arbeit deutlich gemacht werden sollte: Die Grundhaltung unserer Bevölkerung, selbst unserer Politiker, hat diese Selbstverständlichkeit längst brüchig werden lassen. – Im Übrigen werden sich die Ehrfurcht vor einer Person und der Respekt vor ihrer Würde nicht nur in ihrer Begleitung während des Sterbeprozesses ausdrücken, sondern auch im Umgang mit dem verstorbenen Menschen. Vgl. hierzu die Gedanken von Gabi ZIMMERMANN (2002) über die «Würde auch nach dem Tod».

Ein wesentlicher Prüfstein dafür, ob die Würde eines Menschen, gerade eines schwer pflegebedürftigen, geistig verwirrten Menschen, ernst genommen wird, ist der Umgang mit seiner Autonomie, die als Autonomie-*anspruch* auch dann bestehen bleibt und respektiert werden muss, wenn seine Autonomie*fähigkeit*, also die Fähigkeit, kompetente Entscheidungen zu treffen und den eigenen Willen zum Ausdruck zu bringen, beeinträchtigt ist.[156]

Daran, ob es uns gelingt, die inhärente Würde eines Menschen als Person auch in der Bruchstückhaftigkeit seiner verletzten Persönlichkeit und Leiblichkeit ohne Einschränkung gelten zu lassen und ihm respekt- und liebevoll zu begegnen, wird sich erweisen müssen, ob unser Reden von der unantastbaren Menschenwürde und vom Recht auf ein würdevolles Sterben mehr ist als eine philanthropische Rhetorik.

---

156  Zur Begriffsunterscheidung zwischen Autonomieanspruch und Autonomiefähigkeit vgl. Ruth BAUMANN-HÖLZLE (2003). Dem entsprechen die Überlegungen von Jan P. BECK-MANN (1998) zum Unterschied zwischen «Autonomie» als Verfasstheit des Menschen und «Selbstbestimmung» als deren Konkretion: «*Erstere ist Fundamentalausstattung des Menschen, letztere das aktive Zurgeltungbringen derselben.* Eine Verfasstheit geht logisch und ursächlich ihrer Manifestation voraus. Nicht weil und wenn der Mensch über sich selbst bestimmen kann, ist er autonom, sondern weil er autonom ist, vermag er gegebenenfalls über sich selbst zu bestimmen. [...] Der Mensch ist nicht nur dann autonom, wenn er über sich selbst zu bestimmen *tatsächlich in der Lage ist,* sondern er ist immer und in jeder seiner Erscheinungsweisen autonom, unabhängig von der Frage der Manifestation dieser Verfasstheit. [...] Autonomie ist richtig verstanden keine Eigenschaft des Menschen, sondern ein *Characteristicum* desselben, sie ist [...] kein *accidens*, sondern ein *proprium*» (148).

# Literatur

ARIÈS, Philippe, *Geschichte des Todes*, München [8]1997.

BALZER, Philipp / RIPPE, Klaus Peter / SCHABER, Peter, *Menschenwürde vs. Würde der Kreatur. Begriffsbestimmung, Gentechnik, Ethikkommissionen*, Freiburg 1998.

BAUMANN-HÖLZLE, Ruth, *Aktive Sterbehilfe auch in der Schweiz? Sozialethische Überlegungen zur Motion Ruffy*, in: dies., Moderne Medizin – Chance und Bedrohung. Eine Medizinethik entlang dem Lebensbogen, Bern 2001 (Interdisziplinärer Dialog – Ethik im Gesundheitswesen, 2), 285–292.

BAUMANN-HÖLZLE, Ruth, *Autonomie als Verantwortung*, in: Matthias Mettner / Regula Schmitt-Mannhart (Hg.), Wie ich sterben will. Autonomie, Abhängigkeit und Selbstverantwortung am Lebensende, Zürich 2003, 229–245.

BAUMANN-HÖLZLE, Ruth, *Gelungenes Altwerden und Sterben im Spannungsfeld von Macht und Menschenwürde. Theologische und sozialethische Erwägungen zum Altwerden und Sterben*, in: Matthias Mettner (Hg.), Wie menschenwürdig sterben? Zur Debatte um die Sterbehilfe und zur Praxis der Sterbebegleitung, Zürich 2000, 71–82.

BAUMANN-HÖLZLE, Ruth, *Hommage an die Liebe. Über Lebensanfänge und Ursprung des Menschseins*, in: Ethik-Forum des UniversitätsSpitals Zürich (USZ) [Hg.], Medizin, religiöse Erfahrung und Ethik. Leben – Leiden – Sterben, Bern 2000 (Interdisziplinärer Dialog – Ethik im Gesundheitswesen, 1), 109–121.

BECKMANN, Jan P., *Patientenverfügungen: Autonomie und Selbstbestimmung vor dem Hintergrund eines im Wandel begriffenen Arzt-Patient-Verhältnisses*, Zeitschrift für medizinische Ethik 44 (1998), 143–156.

*Bericht des Bundesrates zum Postulat von Nationalrat Victor Ruffy, Sterbehilfe. Ergänzung des Strafgesetzbuches,* 2000.

BÖCKLE, Franz, *Menschenwürdig sterben,* Zürich 1979 (Theologische Meditationen, 52).

BORMANN, Franz-Josef, *Ein natürlicher Tod – was ist das? Ethische Überlegungen zur aktiven Sterbehilfe,* Zeitschrift für medizinische Ethik 48 (2002), 29–38.

Bundesamt für Sozialversicherung, *Langlebigkeit – gesellschaftliche Herausforderung und kulturelle Chance. Ein Diskussionsbeitrag aus der Schweiz zur Zweiten Weltversammlung zur Frage des Alterns, Madrid, 2002,* Bern [2]2002.

CALLAHAN, Daniel, *Nachdenken über den Tod. Die moderne Medizin und unser Wunsch, friedlich zu sterben,* München 1998.

CAVALLI, Franco, *Strafbarkeit der aktiven Sterbehilfe. Neuregelung* (Parlamentarische Initiative, eingereicht am 27. September 2000).

Centre for Ethics and Law in Copenhagen, *Dignity, Ethics and Law, Bibliography,* Copenhagen 1999.

COLLSTE, Göran, *Is Human Life Special? Religious and Philosophical Perspectives on the Principle of Human Dignity,* Bern 2002.

DE STOUTZ, Noémi D., *Palliative Betreuung und Sterbebegleitung statt Sterbehilfe,* in: Matthias Mettner (Hg.), Wie menschenwürdig sterben? Zur Debatte um die Sterbehilfe und zur Praxis der Sterbebegleitung, Zürich 2000, 37–40.

DÖRNER, Klaus, *Aufgaben diakonischer Ethik. Die Wende von der Professionalität zur Kompetenz aller Betroffenen,* in: Michael Schibilsky (Hg.), Kursbuch Diakonie (Festschrift für Ulrich Bach), Neukirchen-Vluyn 1991, 39–51.

EIBACH, Ulrich, *Der leidende Mensch vor Gott. Krankheit und Behinderung als Herausforderung unseres Bildes von Gott und dem Menschen,* Neukirchen-Vluyn 1991 (Theologie in Seelsorge, Beratung und Diakonie, 2).

EIBACH, Ulrich, *Medizin und Menschenwürde. Ethische Probleme in der Medizin aus christlicher Sicht,* Wuppertal [4]1993 (Wissenschaftliche Taschenbücher, 10).

EIBACH, Ulrich, *Sterbehilfe – Tötung aus Mitleid? Euthanasie und «lebensunwertes» Leben,* Wuppertal [2]1998.

ESER, Albin, *Möglichkeiten und Grenzen der Sterbehilfe aus der Sicht eines Juristen,* in: Walter Jens/Hans Küng, Menschenwürdig sterben. Ein Plädoyer für Selbstverantwortung, Zürich 1995, 149–182.

FISCHER, Johannes, *Aktive und passive Sterbehilfe,* Zeitschrift für Evangelische Ethik 40 (1996), 110–127.

FLETCHER, Joseph, *The Patient's Right to Die,* in: A. B. Downing (Hg.), Euthanasia and the Right to Death, London 1969.

FUKUYAMA, Francis, *Das Ende des Menschen,* Stuttgart ²2002.

GÖRG, Manfred, *«Ebenbild Gottes» – Ein biblisches Menschenbild zwischen Anspruch und Realität,* in: Rainer Bucher/Ottmar Fuchs/Joachim Kügler (Hg.), In Würde leben (Festschrift für Ernst Ludwig Grasmück), Luzern 1998 (Theologie in Geschichte und Gesellschaft, 6), 11–23.

HILLMANN, James, *Vom Sinn des langen Lebens. Wir werden, was wir sind,* München ²2001.

HÖFFE, Otfried, *Menschenwürde als ethisches Prinzip,* in: ders. et al., Gentechnik und Menschenwürde, Köln 2002, 111–141.

HONECKER, Martin, *Einführung in die Theologische Ethik. Grundlagen und Grundbegriffe,* Berlin 1990.

HUBER, Wolfgang, *Der gemachte Mensch. Christlicher Glaube und Biotechnik,* Berlin 2002.

IMHOF, Arthur E., *Ars Moriendi.* Die Kunst des Sterbens einst und heute. Wien 1991 (Kulturstudien/Biliothek der Kulturgeschichte, 22).

JENS, Walter, *Si vis vitam para mortem. Die Literatur über Würde und Würdelosigkeit des Sterbens,* in: ders./H. Küng, Menschenwürdig sterben. Ein Plädoyer für Selbstverantwortung, Zürich 1995, 87–129.

JUCHLI, Liliane, *Pflege. Praxis und Theorie der Gesundheits- und Krankheitspflege,* Stuttgart ⁷1994.

JÜNGEL, Eberhard, *Meine Zeit steht in Deinen Händen (Psalm 31,16). Zur Würde des befristeten Menschenlebens,* Heidelberg 1997 (Heidelberger Universitätsreden, 13).

KANT, Immanuel, *Werke Bd. 1–9,* Berlin 1968 (Akademie-Textausgabe).

KNELLWOLF, Ulrich, *Diakonie als Haltung bei Mitarbeiterinnen und Mitarbeitern im Alltag,* in: Diakonie als Dreiklang von Spiritualität, Ethik, Berufsalltag, hg. vom Präsidium der Kaiserswerther Generalkonferenz, Kassel 1998, 123–131.

KÜNG, Hans, *Menschenwürdig sterben,* in: Walter Jens und Hans Küng, Menschenwürdig sterben. Ein Plädoyer für Selbstverantwortung, Zürich 1995, 13–85.

KÖRTNER, Ulrich H. J., *Bedenken, dass wir sterben müssen. Sterben und Tod in Theologie und medizinischer Ethik,* München 1996 (Beck'sche Reihe, 1147).

KÖRTNER, Ulrich H. J., *Evangelische Sozialethik. Grundlagen und Themenfelder,* Göttingen 1999 (Uni-Taschenbücher, 2107).

KOHLER, Georg, *Daedalus oder: Science Fiction und die Erfahrung der Metaphysik,* Magazin UniZürich 3/2001, 18–21.

*Last minute. Ein Buch zu Sterben und Tod,* hg. vom Stapferhaus Lenzburg, Baden 1999.

LEHR, Ursula, *Nicht vor dem Tod für tot erklären: Gespräch mit Ursula Lehr über Altern und Sterben,* in: Anselm Winfried Müller, Tötung auf Verlangen – Wohltat oder Untat? Stuttgart 1997 (Ethik aktuell, 3), 43–60.

MARQUARD, Odilo, *Ende des Schicksals? Einige Bemerkungen über die Unvermeidlichkeit des Unverfügbaren,* in: ders., Abschied vom Prinzipiellen. Philosophische Studien, Stuttgart 1981, 67–90.

METTNER, Matthias (Hg.), *Wie menschenwürdig sterben? Zur Debatte um die Sterbehilfe und zur Praxis der Sterbebegleitung,* Zürich 2000.

METTNER, Matthias, *Mitten im Leben. Zur Spiritualität und Sinnfindung in der Pflege und Betreuung kranker und sterbender Menschen,* in: ders. (Hg.), Wie menschenwürdig sterben? Zur Debatte um die Sterbehilfe und zur Praxis der Sterbebegleitung, Zürich 2000, 177–218.

METTNER, Matthias / SCHMITT-MANNHART, Regula (Hg.), *Wie ich sterben will. Autonomie, Abhängigkeit und Selbstverantwortung am Lebensende,* Zürich 2003.

MOLTMANN, Jürgen, *Menschenwürde, Recht und Freiheit,* Stuttgart 1979.

MOTTU, François, *Suicide d'un patient: le médecin doit-il y participer? Réflexions sur le «suicide médicalement assisté»*, Primary Care 2002/5, 132–135.

MÜLLER, Gerhard Ludwig, *Theologie der Personwürde des Menschen*, Zeitschrift für medizinische Ethik 48 (2002), 259–270.

NAGER, Frank, *Arzt und Tod. Was wir lernen können*, in: Matthias Mettner (Hg.), Wie menschenwürdig sterben? Zur Debatte um die Sterbehilfe und zur Praxis der Sterbebegleitung, Zürich 2000, 147–165.

NOLL, Peter, *Diktate über Sterben und Tod*, München 1987.

NULAND, Sherwin B., *Wie wir sterben. Ein Ende in Würde?* München 1994.

PASCAL, Blaise, *Pensées*, hg. von Léon Brunschvicg, Paris 1925.

*Pflege und Behandlung in der Endphase des Lebens. Eine gemeinsame Erklärung des Schweizer Berufsverbandes der Krankenschwestern und Krankenpfleger (SBK) und der Verbindung der Schweizer Ärztinnen und Ärzte (FMH)* [Dezember 2000], Schweizerische Ärztezeitung 82 (2001), 255–257.

PICKER, Eduard, *Menschenwürde und Menschenleben. Das Auseinanderdriften zweier fundamentaler Werte als Ausdruck der wachsenden Relativierung des Menschen*, Stuttgart 2002.

RILKE, Rainer Maria, *Werke in drei Bänden*, Zürich 1966.

RITSCHL, Dietrich, *Nachdenken über das Sterben. Zur ethischen Frage der Sterbebegleitung*, in: ders., Konzepte: Ökumene, Medizin, Ethik (Gesammelte Aufsätze), München 1986, 282–297.

RÖMELT, Josef, *Autonomie und Sterben. Reicht eine Ethik der Selbstbestimmung zur Humanisierung des Todes?* Zeitschrift für medizinische Ethik 48 (2002), 3–14.

RÜEGGER, Heinz, *Sterbekultur als Teil einer Lebenskultur*, Competence 7–8/2002, 13–15.

SCHMITT-MANNHART, Regula, *Altern und Sterben in Würde*, in: Matthias Mettner (Hg.), Wie menschenwürdig sterben? Zur Debatte um die Sterbehilfe und zur Praxis der Sterbebegleitung, Zürich 2000, 257–268.

SCHNEIDER-FLUME, Gunda, *Was heisst: Menschenwürdig sterben?* in: Arnd Götzelmann, Volker Herrmann und Jürgen Stein (Hg.), Diakonie der Versöhnung. Ethische Reflexion und soziale Arbeit in ökumenischer Verantwortung (Festschrift für Theodor Strohm), Stuttgart 1998, 365–374.

SCHOCKENHOFF, Eberhard, *Sterbehilfe und Menschenwürde. Begleitung zu einem «eigenen Tod»*, Regensburg 1991.

SCHREINER, Paul-Werner / GAHL, Klaus, *Begegnung mit Sterben und Tod*, in: Winfried Kahlke/Stella Reiter-Theil (Hg.), Ethik in der Medizin, Stuttgart 1995, 78–96.

SCHWANK, Alex, *Memento mori – Nur wer in Würde lebt, kann auch in Würde sterben*, in: ders. und Ruedi Spöndlin (Hg.), Vom Recht zu sterben zur Pflicht zu sterben? Beiträge zur Euthanasiedebatte in der Schweiz, Zürich 2001, 7–18.

SCHWEIDLER, Walter, *Das Unantastbare. Beiträge zur Philosophie der Menschenrechte*, Münster 2001 (Philosophie: Forschung und Wissenschaft, 5).

Schweizerische Nationalkommission Justitia et Pax (Hg.), *Machbares Leben? Ethik in der Medizin*, Zürich 1998 (Publikationsreihe der Schweizerischen Nationalkommission Justitia et Pax, 34).

SPAEMANN, Robert, *Tierschutz und Menschenwürde*, in: ders., Grenzen. Zur ethischen Dimension des Handelns, Stuttgart 2001, 467–476.

SPAEMANN, Robert, *Über den Begriff der Menschenwürde*, in: ders., Grenzen. Zur ethischen Dimension des Handelns, Stuttgart 2001, 107–122.

STAUFFACHER, Werner / BIRCHER, Johannes (Hg.), *Zukunft Medizin Schweiz. Das Projekt «Neu-Orientierung der Medizin» geht weiter*, Basel 2002.

*Sterbehilfe. Bericht der Arbeitsgruppe an das Eidgenössische Justiz- und Polizeidepartement*, März 1999.

STIEFEL, Friedrich, *Palliative Medizin, Pflege und Betreuung. Bedarf und Angebote in der Schweiz*, in: Matthias Mettner/Regula Schmitt-Mannhart (Hg.), Wie ich sterben will. Autonomie, Abhängigkeit und Selbstverantwortung am Lebensende, Zürich 2003, 141–147.

STRECKEISEN, Ursula, *Sterbekultur im Spital und gesellschaftliche Entwicklungen*, Competence 7–8/2002, 4–7.

THIELICKE, Helmut, *Theologische Ethik Bd. I*, Tübingen 1958.

WANDER, Maxie, *Leben wär' eine prima Alternative. Tagebuchaufzeichnungen und Briefe,* Darmstadt 1980.

WESTERMANN, Claus, *Genesis. 1. Teilband: Genesis 1–11,* Neukirchen-Vluyn [2]1976 (Biblischer Kommentar zum Alten Testament I/1).

WETTSTEIN, R. Harri, *Leben- und Sterbenkönnen. Gedanken zur Sterbebegleitung und zur Selbstbestimmung der Person,* Bern [3]2000.

WETZ, Franz Josef, *Die Würde der Menschen ist antastbar. Eine Provokation,* Stuttgart 1998.

WILKENING, Karin / KUNZ, Roland, *Sterben im Pflegeheim. Perspektiven und Praxis einer neuen Abschiedskultur,* Göttingen 2003.

ZIMMERMANN, Gabi, *Würde auch nach dem Tod,* infokara 2/2002, 16–23.

ZIMMERMANN-ACKLIN, Markus, *Töten oder Sterbenlassen? Auseinandersetzung mit grundlegenden ethischen Denkfiguren der gegenwärtigen Euthanasiediskussion,* in: Matthias Mettner (Hg.), Wie menschenwürdig sterben? Zur Debatte um die Sterbehilfe und zur Praxis der Sterbebegleitung, Zürich 2000, 52–69.

ZULEHNER, Paul M., *Jedem seinen eigenen Tod. Für die Freiheit des Sterbens,* Ostfildern 2001.

Im NZN Buchverlag und
im Theologischen Verlag Zürich
sind ausserdem erschienen:

Matthias Mettner (Hrsg.)
**Wie menschenwürdig sterben?**
Zur Debatte um die Sterbehilfe und zur Praxis der Sterbebegleitung.
NZN Buchverlag, 3. Auflage, Zürich 2003.
380 Seiten, broschiert.
ISBN 3-85827-127-6

\*\*\*

Matthias Mettner / Regula Schmitt-Mannhart (Hrsg.)
**Wie ich sterben will**
Autonomie, Abhängigkeit und Selbstverantwortung
am Lebensende.
NZN Buchverlag, Zürich 2003.
448 Seiten, broschiert.
ISBN 3-85827-138-1

Johannes Fischer
**Medizin- und bioethische Perspektiven**
Beiträge zur Urteilsbildung im Bereich von Medizin
und Biologie.
Theologischer Verlag Zürich, Zürich 2002.
160 Seiten, kartoniert.
ISBN 3-290-17251-1

\*\*\*

Ellen Stubbe
**Jenseits der Worte**
Gebet, Schweigen und Besuch in der Seelsorge.
Theologischer Verlag Zürich, Zürich 2001.
92 Seiten, kartoniert.
ISBN 3-290-17216-3